薪火育英才
讲士绿神州

徐旭常 传

彭慧文 ◎ 著

学家学术成长资料采集工程
工程院院士传记丛书

1932年	1950年	1953年	1956年	1964年	1984年	1989年	1995年	2000年	2011年
出生于江苏常州	考入抚顺矿专	调入清华大学读研究生	清华大学任教	编写完成我国第一部《燃烧学》教材	获得国家发明三等奖	获得国家发明二等奖	当选中国工程院院士	出任国际燃烧学会理事	逝世于北京

老科学家学术成长资料采集工程
中国工程院院士传记丛书

驯火育英才
调土绿神州
徐旭常传

彭慧文 ◎ 著

中国科学技术出版社
上海交通大学出版社

图书在版编目（CIP）数据

驯火育英才　调土绿神州：徐旭常传 / 彭慧文著. —— 北京：中国科学技术出版社，2020.8

（老科学家学术成长资料采集工程丛书. 中国工程院院士传记丛书）

ISBN 978-7-5046-8211-6

Ⅰ. ①驯… Ⅱ. ①彭… Ⅲ. ①徐旭常-传记　Ⅳ. ① K826.16

中国版本图书馆 CIP 数据核字（2019）第 273688 号

责任编辑	何红哲
责任校对	邓雪梅
责任印制	李晓霖
版式设计	中文天地

出　　版	中国科学技术出版社　上海交通大学出版社
发　　行	中国科学技术出版社有限公司发行部
地　　址	北京市海淀区中关村南大街 16 号
邮　　编	100081
发行电话	010-62173865
传　　真	010-62173081
网　　址	http://www.cspbooks.com.cn

开　　本	787mm×1092mm　1/16
字　　数	225 千字
印　　张	14.5
彩　　插	2
版　　次	2020 年 8 月第 1 版
印　　次	2020 年 8 月第 1 次印刷
印　　刷	北京华联印刷有限公司
书　　号	ISBN 978-7-5046-8211-6 / K·271
定　　价	79.00 元

（凡购买本社图书，如有缺页、倒页、脱页者，本社发行部负责调换）

老科学家学术成长资料采集工程
领导小组专家委员会

主　任：韩启德
委　员：（以姓氏拼音为序）
　　　　陈佳洱　　方　新　　傅志寰　　李静海　　刘　旭
　　　　齐　让　　王礼恒　　徐延豪　　赵沁平

老科学家学术成长资料采集工程
丛书组织机构

特邀顾问（以姓氏拼音为序）
　　　　樊洪业　　方　新　　谢克昌

编委会
主　编：老科学家学术成长资料采集工程领导小组办公室
编　委：（以姓氏拼音为序）
　　　　定宜庄　　董庆九　　郭　哲　　胡宗刚　　胡化凯
　　　　刘晓堪　　吕瑞花　　秦德继　　任福君　　王扬宗
　　　　熊卫民　　姚　力　　张大庆　　张　藜　　张　剑
　　　　周大亚　　周德进

编委会办公室
主　任：孟令耘　　杨志宏
副主任：许　慧　　刘佩英
成　员：（以姓氏拼音为序）
　　　　冯　勤　　高文静　　韩　颖　　李　梅　　刘如溪
　　　　罗兴波　　王传超　　余　君　　张佳静

老科学家学术成长资料采集工程简介

老科学家学术成长资料采集工程（以下简称"采集工程"）是根据国务院领导同志的指示精神，由国家科教领导小组于2010年正式启动，中国科协牵头，联合中组部、教育部、科技部、工信部、财政部、文化部、国资委、解放军总政治部、中国科学院、中国工程院、国家自然科学基金委员会等11部委共同实施的一项抢救性工程，旨在通过实物采集、口述访谈、录音录像等方法，把反映老科学家学术成长历程的关键事件、重要节点、师承关系等各方面的资料保存下来，为深入研究科技人才成长规律，宣传优秀科技人物提供第一手资料和原始素材。

采集工程是一项开创性工作。为确保采集工作规范科学，启动之初即成立了由中国科协主要领导任组长、12个部委分管领导任成员的领导小组，负责采集工程的宏观指导和重要政策措施制定，同时成立领导小组专家委员会负责采集原则确定、采集名单审定和学术咨询，委托科学史学者承担学术指导与组织工作，建立专门的馆藏基地确保采集资料的永久性收藏和提供使用，并研究制定了《采集工作流程》《采集工作规范》等一系列基础文件，作为采集人员的工作指南。截至2016年6月，已启动400多位老科学家的学术成长资料采集工作，获得手稿、书信等实物原件资料73968件，数字化资料178326件，视频资料4037小时，音频资料4963小时，具有重要的史料价值。

采集工程的成果目前主要有三种体现形式，一是建设"中国科学家博物馆网络版"，提供学术研究和弘扬科学精神、宣传科学家之用；二是编辑制作科学家专题资料片系列，以视频形式播出；三是研究撰写客观反映老科学家学术成长经历的研究报告，以学术传记的形式，与中国科学院、中国工程院联合出版。随着采集工程的不断拓展和深入，将有更多形式的采集成果问世，为社会公众了解老科学家的感人事迹，探索科技人才成长规律，研究中国科技事业的发展历程提供客观翔实的史料支撑。

总序一

中国科学技术协会主席 韩启德

  老科学家是共和国建设的重要参与者，也是新中国科技发展历史的亲历者和见证者，他们的学术成长历程生动反映了近现代中国科技事业与科技教育的进展，本身就是新中国科技发展历史的重要组成部分。针对近年来老科学家相继辞世、学术成长资料大量散失的突出问题，中国科协于2009年向国务院提出抢救老科学家学术成长资料的建议，受到国务院领导同志的高度重视和充分肯定，并明确责成中国科协牵头，联合相关部门共同组织实施。根据国务院批复的《老科学家学术成长资料采集工程实施方案》，中国科协联合中组部、教育部、科技部、工业和信息化部、财政部、文化部、国资委、解放军总政治部、中国科学院、中国工程院、国家自然科学基金委员会等11部委共同组成领导小组，从2010年开始组织实施老科学家学术成长资料采集工程。

  老科学家学术成长资料采集是一项系统工程，通过文献与口述资料的搜集和整理、录音录像、实物采集等形式，把反映老科学家求学历程、师承关系、科研活动、学术成就等学术成长中关键节点和重要事件的口述资料、实物资料和音像资料完整系统地保存下来，对于充实新中国科技发展的历史文献，理清我国科技界学术传承脉络，探索我国科技发展规律和科技人才成长规律，弘扬我国科技工作者求真务实、无私奉献的精神，在全社会营造爱科学、学科学、用科学的良好氛围，是一件很有意义的事情。采集工程把重点放在年龄在 80 岁以上、学术成长经历丰富的两院院士，以及虽然不是两院院士、但在我国科技事业发展中作出突出贡献的老科技工作者，充分体现了党和国家对老科学家的关心和爱护。

自 2010 年启动实施以来，采集工程以对历史负责、对国家负责、对科技事业负责的精神，开展了一系列工作，获得大量反映老科学家学术成长历程的文字资料、实物资料和音视频资料，其中有一些资料具有很高的史料价值和学术价值，弥足珍贵。

以传记丛书的形式把采集工程的成果展现给社会公众，是采集工程的目标之一，也是社会各界的共同期待。在我看来，这些传记丛书大都是在充分挖掘档案和书信等各种文献资料、与口述访谈相互印证校核、严密考证的基础之上形成的，内中还有许多很有价值的照片、手稿影印件等珍贵图片，基本做到了图文并茂，语言生动，既体现了历史的鲜活，又立体化地刻画了人物，较好地实现了真实性、专业性、可读性的有机统一。通过这套传记丛书，学者能够获得更加丰富扎实的文献依据，公众能够更加系统深入地了解老一辈科学家的成就、贡献、经历和品格，青少年可以更真实地了解科学家、了解科技活动，进而充分激发对科学家职业的浓厚兴趣。

借此机会，向所有接受采集的老科学家及其亲属朋友，向参与采集工程的工作人员和单位，表示衷心感谢。真诚希望这套丛书能够得到学术界的认可和读者的喜爱，希望采集工程能够得到更广泛的关注和支持。我期待并相信，随着时间的流逝，采集工程的成果将以更加丰富多样的形式呈现给社会公众，采集工程的意义也将越来越彰显于天下。

是为序。

总序二

中国科学院院长　白春礼

  由国家科教领导小组直接启动，中国科学技术协会和中国科学院等12个部门和单位共同组织实施的老科学家学术成长资料采集工程，是国务院交办的一项重要任务，也是中国科技界的一件大事。值此采集工程传记丛书出版之际，我向采集工程的顺利实施表示热烈祝贺，向参与采集工程的老科学家和工作人员表示衷心感谢！

  按照国务院批准实施的《老科学家学术成长资料采集工程实施方案》，开展这一工作的主要目的就是要通过录音录像、实物采集等多种方式，把反映老科学家学术成长历史的重要资料保存下来，丰富新中国科技发展的历史资料，推动形成新中国的学术传统，激发科技工作者的创新热情和创造活力，在全社会营造爱科学、学科学、用科学的良好氛围。通过实施采集工程，系统搜集、整理反映这些老科学家学术成长历程的关键事件、重要节点、学术传承关系等的各类文献、实物和音视频资料，并结合不同时期的社会发展和国际相关学科领域的发展背景加以梳理和研究，不仅有利于深入了解新中国科学发展的进程特别是老科学家所在学科的发展脉络，而且有利于发现老科学家成长成才中的关键人物、关键事件、关键因素，探索和把握高层次人才培养规律和创新人才成长规律，更有利于理清我国科技界学术传承脉络，深入了解我国科学传统的形成过程，在全社会范围内宣传弘扬老科学家的科学思想、卓越贡献和高尚品质，推动社会主义科学文化和创新文化建设。从这个意义上说，采集工程不仅是一项文化工程，更是一项严肃认真的学术建设工作。

中国科学院是科技事业的国家队，也是凝聚和团结广大院士的大家庭。早在 1955 年，中国科学院选举产生了第一批学部委员，1993 年国务院决定中国科学院学部委员改称中国科学院院士。半个多世纪以来，从学部委员到院士，经历了一个艰难的制度化进程，在我国科学事业发展史上书写了浓墨重彩的一笔。在目前已接受采集的老科学家中，有很大一部分即是上个世纪 80、90 年代当选的中国科学院学部委员、院士，其中既有学科领域的奠基人和开拓者，也有作出过重大科学成就的著名科学家，更有毕生在专门学科领域默默耕耘的一流学者。作为声誉卓著的学术带头人，他们以发展科技、服务国家、造福人民为己任，求真务实、开拓创新，为我国经济建设、社会发展、科技进步和国家安全作出了重要贡献；作为杰出的科学教育家，他们着力培养、大力提携青年人才，在弘扬科学精神、倡树科学理念方面书写了可歌可泣的光辉篇章。他们的学术成就和成长经历既是新中国科技发展的一个缩影，也是国家和社会的宝贵财富。通过采集工程为老科学家树碑立传，不仅对老科学家们的成就和贡献是一份肯定和安慰，也使我们多年的夙愿得偿！

鲁迅说过，"跨过那站着的前人"。过去的辉煌历史是老一辈科学家铸就的，新的历史篇章需要我们来谱写。衷心希望广大科技工作者能够通过"采集工程"的这套老科学家传记丛书和院士丛书等类似著作，深入具体地了解和学习老一辈科学家学术成长历程中的感人事迹和优秀品质；继承和弘扬老一辈科学家求真务实、勇于创新的科学精神，不畏艰险、勇攀高峰的探索精神，团结协作、淡泊名利的团队精神，报效祖国、服务社会的奉献精神，在推动科技发展和创新型国家建设的广阔道路上取得更辉煌的成绩。

总序三

中国工程院院长　周　济

由中国科协联合相关部门共同组织实施的老科学家学术成长资料采集工程，是一项经国务院批准开展的弘扬老一辈科技专家崇高精神、加强科学道德建设的重要工作，也是我国科技界的共同责任。中国工程院作为采集工程领导小组的成员单位，能够直接参与此项工作，深感责任重大、意义非凡。

在新的历史时期，科学技术作为第一生产力，已经日益成为经济社会发展的主要驱动力。科技工作者作为先进生产力的开拓者和先进文化的传播者，在推动科学技术进步和科技事业发展方面发挥着关键的决定的作用。

新中国成立以来，特别是改革开放30多年来，我们国家的工程科技取得了伟大的历史性成就，为祖国的现代化事业作出了巨大的历史性贡献。两弹一星、三峡工程、高速铁路、载人航天、杂交水稻、载人深潜、超级计算机……一项项重大工程为社会主义事业的蓬勃发展和祖国富强书写了浓墨重彩的篇章。

这些伟大的重大工程成就，凝聚和倾注了以钱学森、朱光亚、周光召、侯祥麟、袁隆平等为代表的一代又一代科技专家们的心血和智慧。他们克服重重困难，攻克无数技术难关，潜心开展科技研究，致力推动创新发展，为实现我国工程科技水平大幅提升和国家综合实力显著增强作出了杰出贡献。他们热爱祖国，忠于人民，自觉把个人事业融入到国家建设大局之中，为实现国家富强而不断奋斗；他们求真务实，勇于创新，用科技为中华民族的伟大复兴铸就了辉煌；他们治学严谨，鞠躬尽瘁，具有崇高的科学精神和科学道德，是我们后代学习的楷模。科学家们的一生是一本珍贵的教科书，他们坚定的理想信念和淡泊名利的崇高品格是中华民族自强不息精神的宝贵财富，永远值得后人铭记和敬仰。

通过实施采集工程，把反映老科学家学术成长经历的重要文字资料、实物资料和音像资料保存下来，把他们卓越的技术成就和可贵的精神品质记录下来，并编辑出版他们的学术传记，对于进一步宣传他们为我国科技发展和民族进步作出的不朽功勋，引导青年科技工作者学习继承他们的可贵精神和优秀品质，不断攀登世界科技高峰，推动在全社会弘扬科学精神，营造爱科学、讲科学、学科学、用科学的良好氛围，无疑有着十分重要的意义。

中国工程院是我国工程科技界的最高荣誉性、咨询性学术机构，集中了一大批成就卓著、德高望重的老科技专家。以各种形式把他们的学术成长经历留存下来，为后人提供启迪，为社会提供借鉴，为共和国的科技发展留下一份珍贵资料。这是我们的愿望和责任，也是科技界和全社会的共同期待。

周济

徐旭常院士

2016年7月27日，采集小组访谈后与徐旭常院士的妻子何丽一女士合影
（前排：何丽一）

2016年9月23日，采集小组访谈后与徐旭常院士生前好友秦裕琨院士合影
（左三：秦裕琨）

2017年9月16日，采集小组访谈后与徐旭常院士学生姚强教授合影
（左二：姚强）

序　忆恩师

2017年10月14—15日，一年一度的中国工程热物理学会燃烧学学术年会召开，来自100多个单位的1318名代表参加会议，是国际上规模最大的燃烧学领域地区性会议。徐旭常老师曾任中国工程热物理学会燃烧学分会主任，2004年为了提携后人，他甘当铺路石，辞去这一职务。

这次会议让我回忆起2010年8月第33届国际燃烧会议在清华大学举办时的盛况，当时徐老师已经生病住进了医院，无法亲临现场。在会议取得圆满成功后，我去向他汇报情况，讲到了这不仅仅是一次会议的成功，同时也是中国燃烧领域研究的成功，我们在不断地取得进步并得到了国际同行的认可。病中的徐老师再一次表达了他的欣慰之情。他告诉我说，自己在六年前坚持卸任燃烧学分会主任一职是最正确的决定。那一刻，我体会到了他的良苦用心。

犹记得2006年10月，在天津大学召开的燃烧学学术年会上，燃烧学分会首次设立"杰出贡献奖"，并将它颁给了时年74岁的徐老师，以感谢他长期以来对中国燃烧领域研究发展做出的突出贡献。

近年来，国内燃烧领域学术水平日益提高，与徐老师等老一辈燃烧学者曾经的潜心培养、热情指导是决然分不开的。燃烧学学术年会的规模也增加了10倍，体现了中国在燃烧研究领域的崛起，正如很多国际燃烧界人士所说，未来几十年的燃烧研究中心将向中国转移。如果徐老师在天之灵能够看到这一场面，一定会感到无比的高兴吧。

正是在这个时刻，收到了徐老师传记的初稿。掩卷之际，从20世纪80年代初成为徐老师的学生，到世纪之交回到清华大学又一次在他的指导下开展研究工作，并协助他服务于燃烧学分会，近40年的点点滴滴和各种片断在脑海中呈现与结合，一个丰富的、立体的形象浮现在我的眼前。

"爱祖国，学科学"，这是2006年6月12日徐老师给中小学生的题词，也是他终生所践行的信念，很好地总结了他的一生。与学生在一起的时候，他很少谈自己的经历，也很少谈自己对于人生重大问题的看法，而对具体的学术问题、技术问题和科学问题却会进行非常细致的讨论。我们一直很疑惑，是什么让他能够在各种变局中以不变应万变，坚持学习、坚持工作、坚持远离不必要的干扰而埋首于自己的事业呢？读着这本传记中徐老师这一代人的早期经历和磨难，可以体会到他们对祖国的爱已经深入了生活、工作和学习的每一个方面。将个人的命运与国家的命运、时代的召唤紧密联系在一起，是他们定力和毅力的源泉。传记中所描述的徐老师的求学史与工作史，没有这样的爱与信念，是不可能坚持下来的。而这种爱与信念一旦确立，便足以影响一个人的一生。

《扎实的基础是成功之母》是2002年4月26日清华大学校庆日徐老师写的一篇短文，谈他的研究心得。在徐老师留下的公开文字中，绝大部分是研究论文和教材，这是一份极为珍贵的直接谈到研究体会和研究经历的文字资料。从上海中学时立志学工科，到求学东北时辗转多个城市，再到后续组织分配的各项工作，他只用淡淡的一句"这是以前的历史条件造成的"，就过渡到了从46岁才真正开始的研究生涯。在那个"历史条件"下，徐老师没有所谓的名师指点，但一直注意总结提炼，慢慢在实践与摸索中总结出了自己的学习和研究心得。他工作的头20年里，以教学为主，但他并不觉得这是在浪费时间，反而觉得教学经历给了自己莫大的帮助。他说："实际上正是由于长期从事教学工作，要求掌握扎实宽广的基础知识，对我后来从事的专门项目研究有很大的好处，有助于我每开始一个新项目都能很快地进入角色、把握住要领、选择正确的研究路线并不断地冒出新的创意。我觉得自己比较能'坐得住冷板凳',是和长期的训练有关系(的),就是因为长期从事教学,注意从基础上考虑问题,能安得下心来埋头苦干。"这是真正的厚积薄发,用前46年的积累,收获了后34年的成果迭出。如果没有前期的积累,很难想象他可以于人生的后半程在燃烧理论与技术、燃煤污染控制、土壤生态恢复等大跨度的多个领域取得多项研究成果,而且很多研究在国内都是开创性的。

直至生命最后一刻,徐老师依旧勤勤恳恳、孜孜不倦地奋斗在科学研究和人才培养工作的第一线,可以毫不夸张地说,他将自己的一生都奉献给了所从事的能源和环境保护事业。

在晚年,徐老师特别关注到了一件令他忧虑的事情,就是国内学风的变化。由于各种原因,学术界出现了一些不正常的风气,比如急功近利、贪大贪多,只追求数量、不注重质量。他告诫我们要注重研究的规律和质量。在《扎实的基础是成功之母》一文中,他讲道:"研究工作不能急于求成,更不能马马虎虎地交账或满足于表面上看还不错的成果。不能用侥幸心理去安排实验和做数值计算。""'科学研究贵在坚持。'要弄清楚一个学术上的想法,即使不能得到足够的研究经费,还(是要)必须坚持下去,常常会一做就是近十年或者十多年。当感到研究结果才有点意思时,却还觉得需要再做几年才能更完善些。""世界上有大成就的科技工作者大部分是不富有的,生活上是相对清贫的。像诺贝尔那样的大富科学家实在是极少数。相反地,如果总想做个富有的人又同时在学术上很有名望,几乎是不可能的。"对于不断加诸于身的各种荣誉,徐老师一直看得很淡。

写到这儿,我在想,徐老师留给我们的精神财富是历久弥珍的。虽然他已故去六年多,但在遇到困难、遇到问题的时候,我依旧常常会想,徐老师如果遇到相同的情景会做出什么样的选择?这会指引我义无反顾地向前,而且相信自己是走在正确的道路上。正如徐老师生前的挚友、同行,清华大学教授周力行总结的那样:"他在燃烧领域的成就是众所周知的,他的业绩将永远鼓舞中青年同行不断前进。"

2017年10月18日

目 录

老科学家学术成长资料采集工程简介

总序一 ·· 韩启德

总序二 ·· 白春礼

总序三 ·· 周 济

序 忆恩师 ·· 姚 强

导 言 ··· 1

| 第一章 | 少年时代 ··· 7

　　于变局年代出生 ··· 7
　　颠沛的童年 ··· 8
　　是块儿读书的料 ··· 10
　　祖父的背影 ··· 11

| 第二章 | 上中记忆 ········ 14

勇猛精进 ········ 14
绩优生的无奈 ········ 19
共青团小将 ········ 21
差点错失的求学机会 ········ 26

| 第三章 | 北上求学 ········ 32

初到东北 ········ 32
四次退学风波 ········ 37
从抚顺到长春再到沈阳 ········ 45

| 第四章 | 研究生班 ········ 53

意外成为清华研究生 ········ 53
又到东北 ········ 57
在国内"留苏" ········ 58
第一次接触锅炉 ········ 62

| 第五章 | 角色转换 ········ 68

回清华任教 ········ 68
短暂的行政事业 ········ 72
半条命换来一部《燃烧学》 ········ 74
自由恋爱 ········ 81

| 第六章 | 安静的学者 ········ 85

不要乱讲话 ········ 85
鲤鱼洲的虫倌 ········ 89
特别的师生关系 ········ 95
零星的学术活动 ········ 97

| 第七章 | 把煤烧好 ········· 100

　　水到渠成 ··················· 100
　　预燃室燃烧器 ··············· 109
　　燃烧也有"三高" ············ 112
　　航模玩出新高度 ············· 115
　　"剽窃"风波与坎坷院士路 ···· 122

| 第八章 | 跨界者 ············ 126

　　走在时代的前面 ············· 126
　　成为土壤改良专家 ··········· 131
　　总想更进一步 ··············· 139

| 第九章 | 活成一面旗帜 ······ 142

　　最后一件大事 ··············· 142
　　有成果的学术交流 ··········· 149
　　传承学术自信 ··············· 154
　　出访囧事杂记 ··············· 157

| 第十章 | 世界是他们的 ······ 159

　　谦和而不放任 ··············· 159
　　给年轻人赋能 ··············· 162
　　让他们站上中心舞台 ········· 165
　　曲终人不散 ················· 167

| 第十一章 | 最后的岁月 ······ 169

　　与家人和解 ················· 169
　　与工作不和解 ··············· 172

结　语 …………………………………………………… 176

附录一　徐旭常年表 …………………………………… 179

附录二　徐旭常主要论著目录 ………………………… 195

参考文献 ………………………………………………… 199

后　记 …………………………………………………… 203

图片目录

图 1-1　1947 年初中毕业时的徐旭常 …………………………………………… 10
图 2-1　1949 年徐旭常和上海中学的同学合影 ………………………………… 16
图 2-2　1996 年徐旭常重访上海中学，参观读书时的实习车间 ……………… 18
图 2-3　1950 年高中毕业时的徐旭常 …………………………………………… 30
图 2-4　2006 年徐旭常参加上海中学同学会 …………………………………… 31
图 3-1　1950 年 5 月 18 日徐旭常父亲在上海北站送他上火车去抚顺求学 … 32
图 3-2　1950 年徐旭常在抚顺矿专校门口留影 ………………………………… 35
图 3-3　1950 年徐旭常与东北工学院抚顺分院同学合影 ……………………… 41
图 3-4　1953 年徐旭常和同学在沈阳铁西区东北工学院教学楼前 …………… 51
图 4-1　1954 年的徐旭常 ………………………………………………………… 58
图 4-2　1955 年徐旭常与哈尔滨工业大学研究生班同学合影 ………………… 61
图 4-3　1990 年 8 月徐旭常访问苏联时与曾经的研究生导师
　　　　马克西莫夫合影 ……………………………………………………… 62
图 4-4　1956 年徐旭常在哈尔滨工业大学研究生班进行毕业设计 …………… 66
图 4-5　1956 年徐旭常在哈尔滨工业大学研究生班进行毕业答辩 …………… 66
图 4-6　1956 年徐旭常毕业答辩后在哈尔滨工业大学与冯俊凯合影 ………… 67
图 4-7　1956 年研究生班毕业时和马克西莫夫在哈尔滨工业大学
　　　　机械馆门前合影 ………………………………………………………… 67
图 5-1　1957 年徐旭常在清华大学荷花池旁留影 ……………………………… 68
图 5-2　1957 年徐旭常和同事们在清华大学动力工程系馆前合影 …………… 72
图 5-3　1959 年徐旭常和同事们在颐和园昆明湖边合影 ……………………… 73
图 5-4　1959 年 6 月 8 日徐旭常在清华大学集体宿舍备课 …………………… 74
图 5-5　1964 年出版的《燃烧学》上、下册封面 ……………………………… 77

图 5-6	1990年出版的《燃烧理论与燃烧设备》封面	78
图 5-7	2008年出版的《燃烧技术手册》封面	79
图 5-8	2005年徐旭常与周力行合影	80
图 5-9	1960年徐旭常与何丽一在北京农展馆	82
图 5-10	1961年1月徐旭常与何丽一的结婚照	82
图 5-11	1962年徐旭常父母来清华大学探望时在徐旭常宿舍合影	82
图 6-1	1966年徐旭常在清华大学集体宿舍内画水彩画	86
图 6-2	1970年5月徐旭常在江西永新县龙源口	94
图 7-1	1980年8月徐旭常在加拿大渥太华参加第18届国际燃烧会议	102
图 7-2	1980年8月徐旭常和史绍熙在美国哈佛大学访问	103
图 7-3	1983年8月徐旭常参加北京沸腾炉会议并作报告	115
图 7-4	1989年徐旭常进行船形燃烧器流场测量	117
图 7-5	1989年6月9日徐旭常在清华大学热能工程系实验室工作	121
图 7-6	1984年煤粉预燃室燃烧器获得国家发明三等奖	122
图 7-7	1989年船形燃烧器获得国家发明二等奖	122
图 7-8	1996年10月17日徐旭常获何梁何利奖后在家中摄影留念	124
图 8-1	1990年徐旭常参加西安交通大学氮氧化物测定仪低污染燃烧鉴定会	127
图 8-2	1996年5月徐旭常查看清华大学热能工程系烟气脱硫实验台	128
图 8-3	2000年3月28日徐旭常在沈阳与定方正毅在烟气脱硫除尘集成技术示范工程前	129
图 8-4	2001年在清华大学试验电厂建成半干法循环流化床烟气脱硫工程示范装置	130
图 8-5	1991年9月26日徐旭常在日本东京参加盐碱化及酸性化对陆地生态系统的危害及修复国际会议	133
图 8-6	2004年12月徐旭常带队考察宁夏银川西大滩	135
图 8-7	2007年8月14日徐旭常在宁夏查看盐碱地改良后水稻示范区第二年生长情况	137
图 9-1	1996年7月31日徐旭常在意大利参加第26届国际燃烧会议	143
图 9-2	1999年8月21日周力行、C.K.Law和徐旭常参加第四届国际煤燃烧会议并合影	146

图 9-3　2006 年申办第 33 届国际燃烧会议成功后在哲学家小路上………… 147

图 9-4　1997 年 5 月 14 日徐旭常在日本大阪大学与大竹一友共同主持亚太燃烧会议分组会……………………………………………………… 149

图 9-5　1982 年徐旭常等接待美国能源部华裔专家向哲愚………………… 151

图 9-6　1987 年 9 月 8 日国际煤燃烧会议在清华大学召开，徐旭常带领国际友人参观热能工程系………………………………………… 152

图 9-7　1996 年 9 月 2 日徐旭常在清华大学参加中韩煤利用学术会议开幕式………………………………………………………………… 153

图 9-8　2007 年徐旭常在第六届国际煤燃烧会议上致开幕辞……………… 156

图 10-1　2010 年 6 月 14 日徐旭常在清华大学实验室……………………… 161

图 11-1　2008 年徐旭常与家人合影…………………………………………… 169

图 11-2　1997 年徐旭常与孙子在一起………………………………………… 172

导 言

徐旭常院士生于1932年10月29日，江苏省常州市人，生前长期从事热能工程领域的教学和科研工作，2011年3月18日因病逝世于北京。教学方面，他在国内高校中开创的《燃烧学》课程对我国几十年来的燃烧理论与技术教学有重要影响，成为国家级精品课程；他主持或参与编写的燃烧理论、燃烧技术、锅炉原理方面的著作和教材，影响了几代燃烧学人。科研方面，他提出了"煤粉燃烧稳定性三高区原理"，发明了煤粉预燃室燃烧器、火焰稳定船式直流煤粉燃烧器；研究了低氮氧化物排放的煤粉燃烧方法，提出了烟气脱硫和联合脱除污染物的新技术和理论；在国际上率先利用燃煤烟气脱硫石膏对大面积碱化土壤进行改良。他曾获国家发明二等奖、国家发明三等奖、国家科技进步奖二等奖、世界知识产权组织和中国专利局颁发的发明创造金奖等重大奖项，于1995年当选为中国工程院院士。他曾担任中国工程热物理学会副理事长、燃烧学分会主任和国际燃烧学会理事兼中国分会主任。

在党的十九大报告中，习近平总书记强调："不忘初心，方得始终。"徐旭常院士用一生的执着与探索，为这8个字提供了一个很好的脚注。

徐旭常自幼体弱多病，但性情坚定。人生第一次与"工程"二字沾边，是在14岁考入上海中学工科班，那时，老师们经常会提醒自己的学生，中国工业非常落后，连火柴、铁钉都叫"洋火""洋钉"，勉励他们努力学习，将来发展中国的基础工业。从徐旭常当年的日记可以感受到，在上海中学的那段时光在不断夯实他心中报效祖国的信念，他反复提及的一句话就是"为国家做点事"。

1950年5月，徐旭常响应国家号召，追随支援东北的大潮流，前往抚顺矿专读书。因为历史原因，从1950年至1956年的北上求学期间，他几乎是一年换一个城市。这对他的身体是一个考验，其间他多次生病，最重的一次曾住院治疗达3个月之久；对他的精神与学习能力也是一个考验，在不断变化的环境中，时间很容易就荒废掉了，性格内向的他，意志力却很坚定，6年中，他几乎把自己能够拿出来的时间和精力全部投入到了课业学习中，才得以在毕业时初步培养出科学、严谨的治学作风与专业基本功。同时，这6年也让他更加清醒地认识到自己对学习与科研的热爱。明确的人生志向、磕磕绊绊中锻炼出来的恒心与心无旁骛的做事风格，都成了他走上工作岗位后弥足珍贵的人生财富。

在1956年进入清华大学成为一名青年教师之后，徐旭常依然保持着认真与执着的惯性，抓住每一个机会为自己充电，往瘦弱的身躯中装入更多的知识储备。在一无专业背景、二无现成教材、三无系统性参考资料的情况下，他在国内高校中率先开设《燃烧学》课程，历时3年编写出中国第一部《燃烧学》教材。即便在"文化大革命"期间，只要条件允许，他也总要零星地开展一些科研工作。尽管不成体系，但这足以在他脑海中埋下一颗学术的种子，静待合适的时机生根发芽。

因此，等到1978年"科学的春天"到来之后，徐旭常马上进入了科研最佳状态。他瞄准国家工业发展需求，积极推进燃煤锅炉稳燃与节油相关研究，在短短几年之内先后研发出新型煤粉预燃室燃烧器、火焰稳定船式直流煤粉燃烧器，为国家创造了巨大的经济效益。同时，他开创性地提出了著名的"煤粉燃烧稳定性三高区原理"。凭借这些发明创造与理论创新，徐旭常多次获得国家级大奖，并在1995年成功当选为中国工程院院士。

经年至此，可以说，徐旭常已经丝毫不打折扣地完成了"为国家做点事"的许诺。但是，他并没有因此放慢自己前进的脚步。多年学术生涯中，徐旭常一直密切关注着国际燃烧领域的研究动向，早在20世纪80年代初，他就注意到了燃煤污染防治问题，当时就认定，这将是未来国内有重大需求的研究方向。在解决了燃煤锅炉稳燃问题之后，他开始将更多精力投入这一领域，带领团队连续主持了4个"973项目"，有力地推动了我国燃煤污染防治的基础性研究工作。

待到世纪之交的时候，徐旭常再一次延伸自己的研究领域，尝试利用燃煤烟气脱硫的副产物——脱硫石膏来改良我国北方地区荒芜了几百上千年的大片盐碱地，由此开创出一条能源、环境、农业等学科交叉融合的循环经济发展道路，为我国缓解耕地规模缩减，保障粮食供应，促进生物质能源开发等开辟了一个新的增量空间。

时至今日，徐旭常已故去多年，但我们可以看到，在他曾经开创的很多研究方向——燃煤污染物联合脱除、燃煤重金属污染防治、土壤改良等，他当年的同事和一批新生代学者已经能够独当一面，并有望成为这些研究方向的学科带头人。这一方面是因为他生前对后辈研究者进行了有意培养，另一方面也取决于当初选定的研究方向具有持续的生命力和延展力。更进一步来讲，在任何一个时点具备先进性的科研方向也总有过时的一天，到了那个时候，徐旭常曾经的研究团队还能留下什么？我们认为，那就是徐旭常对新研究领域的选择逻辑。当前，他团队中的很多年轻学者已经在尝试进入新的领域，即使在已有领域，技术也在不断更新换代，如何取舍，这是个问题。能否处理好这个问题，是一个学术带头人和一个普通研究人员的本质性差别之一。徐旭常做了一辈子科研工作，最大的特点就是把科研方向真正地跟国家需求紧密结合在了一起。通过多年的言传身教，他已经成功地将这一理念注入到自己学生的心目当中。

沉浸在徐旭常院士的生前往事里，我们可以深切体会到什么样的人生才是平凡而有价值的人生。他数十年如一日潜心教学实践与学术研究，在电力工业、环境保护、农业发展、人才培养等多个领域为国家做出了一系列普通人望尘莫及的重大贡献。虽然没有惊天动地之事，但一点一滴都在朝向"为国家做点事"的人生目标前行，聚沙成塔、集腋成裘。可以说，徐旭常院士在实现自己人生理想的同时，也完成了对后辈解答困惑、引领前进的光荣使命。

受中国科协"老科学家学术成长资料采集工程"采集工作领导小组办公室的委托，2015年年初，清华大学能源与动力工程系（原热能工程系）热能工程研究所有幸承担了徐旭常院士学术成长资料采集课题，本项目自2015年9月正式启动，至2017年10月结束。其间，项目组完成的主要任务包括徐旭常院士著述与论文的收集整理，具有重要史料价值的档案、文件、照片、遗物等的收集整理，口述资料的采集与整理，研究报告的撰写等。虽然热能工程研究所内不少人曾与徐旭常院士共事多年，但对他人生经历的了解却是不充分的。通过这项采集工程，比较详细地梳理和回顾了在时代发展的大背景下徐旭常院士个人的生命轨迹与心路历程，让我们对这位值得后人缅怀的学者有了更全面、更深刻的了解。

起初，项目组还只是带着完成任务的心态去工作，但在和徐旭常院士的妻子何丽一女士等人进行了多次面对面交流之后，我们产生了对徐旭常院士成长经历的强烈好奇心，开始带着疑问投入采集工作当中。由于徐旭常院士已故去多年，很多信息只能依靠他的家人、同事、学生和朋友的回忆获得，我们力求通过对历史资料的梳理和多角度、多维度的访谈交流，让原本模糊的形象逐渐清晰起来。

在资料采集与研究报告撰写过程中，我们得到了很多人的热心帮助。感谢何丽一女士、徐纪清先生的积极配合，感谢姚强教授百忙之中自始至终的悉心指导，感谢所有接受采访和提供相关资料的同人给予的大力支持。83岁高龄的秦裕琨院士在腿脚不便利的情况下依然坚持陪同我们重访当年他与徐旭常院士共同学习的教室、居住的宿舍，周力行教授对徐旭常院士兄弟般的深情追忆、徐秀清教授对徐旭常院士的惜才爱才之意、毛健雄教授对当年与徐旭常院士共同参加国际学术交流情景的生动呈现、金茂庐教授对跟徐旭常院士合作过程的从容回忆、王恩禄老师谈及恩师如父时的情感流露、李水清教授对清华大学道统传承的深刻总结，都是我们采集路上收获的宝贵财富。陈群老师作为项目最初的负责人做了大量的前期准备与沟通工作，李彦教授帮助收集并整理了大量的原始资料。清华大学档案馆、校史馆协助完成了部分史料的数字化采集工作。许多细节令人感动和难忘，在此一并表示感谢。

这项采集工作，是首次系统性梳理徐旭常院士的生前事迹及其学术研究演进脉络。两年间，项目组先后在徐旭常院士家中，清华大学能源与动力工程系、档案馆、校史馆等处获得实物类资料共计900余件，其中传记类14件、证书类93件、信件类2件、手稿类78件、著作类346件、报道类34件、同行学术评价类4件、视频类11件、音频类14件、照片类304件、档案类22件；访谈徐旭常院士亲人、同事、学生等共计30余人次，获得音频资料近1400分钟、视频资料800余分钟。我们收集了大量徐旭常院士工作和生活中的珍贵照片，对于后人直观感受他生前的工作生活状态有很大帮助。我们还获得了徐旭常院士大学时期的《材料力学》学习笔记、《传热学》俄文学习笔记、早年工作期间编写的《燃烧技术基础》教案等手稿资料，从中可以直接观察到他当年的学习与工作内容，也可以深刻感受到他当时学习与教学的认真态度。从何丽一女士处，我们获得了《往事追忆》一文，这篇长文由徐旭常院士2010年因胃癌住进医院后亲自口述、何女士整理，粗线条地回顾了他一生的际遇。在徐旭常院士生前，无论是工作中还是生活中，他都很少回忆往事，也很少谈及自己的所思、所感，因此，外人没有办法清晰地描绘他人生中的很多大事件以及他个人的思想活动。通过《往事追忆》一文，项目组完成了对徐旭常院士本人的一次间接采访，比较系统地了解了他的成长、成才经历和他对自己人生中重要时刻、重要事件的看法。此外，在采集过程中我们了解到，徐旭常院士从高中开始至大学毕业一直保持着写日记的习惯，目前日记原本存放在何女士处。虽然依照何女士意愿，我们暂时无法直接阅读这批珍贵资料，但是通过何女士转述，我们有幸获知了部分日记内容以及其中所承载的徐旭常院士早年的思想活动。凡此种种，对于我们后期整理档案资料、撰写研究报告都给予了极大帮助。

在掌握大量历史资料的基础上，项目组撰写了本研究报告。研究报告以历史发展进程为背景，尽可能详细地展现了徐旭常院士的成长、工作、生活等方方面面，并试图揭示他个人与时代发展大环境之间的微妙互动。研究报告正文部分共分为十一章，其中第一、第二章介绍徐旭常早年在江苏和上海的生活，第三、第四章介绍他在东北和北京的求学经历，第五章介绍他进入清华大学任教后最初10年的工作与生活历程，第六至第九章介绍他的学术经历与科研成就，第十章介绍他对后辈学者的培养与提携，第十一章简要介绍他在人生最后一段旅途中的生命印记。

  在挖掘、整理、记录徐旭常院士人生经历的过程中，我们深感老科学家学术成长资料采集工作的必要性和重要性，传承人文精神，为后人提供借鉴，这是一项非常有意义的工作。但是由于项目组成员均是第一次承担该类型的工作，经验不足，水平有限，加之时间仓促，本研究报告难免有缺漏和讹误之处，欢迎读者批评指正。

第一章
少年时代

于变局年代出生

1932 年,中华大地上发生过很多事情,"一·二八"事变、东三省沦陷、中华民族复兴社成立、前中共总书记陈独秀被捕、中华苏维埃共和国临时中央政府主席毛泽东发表直接对日作战宣言等,它们构成了中国近代史的重要内容。

在常州,也悄然发生着一些不会在国家大历史中留下痕迹的变化。这一年,武丹路建成通车,它是常州的第一条公路;上海同济大学毕业生姚志励创办"青光工业社"经营汽车运输业务,它是常州的第一家汽车运输公司;常州大戏院放映了电影《虞美人》,它是第一部在常州上映的有声电影。

这一年的 10 月 29 日,徐旭常出生于常州市周线巷的祖传老宅里,他是家中第四子,不过大哥大姐早夭,出生时仅有一个哥哥存世,名唤炳常。

周线巷，南宋时著名学者周孚先、周恭先兄弟俩居住在此，曾创办城东、城西两书院，生徒众多，二人因此被称为"周贤"，又因"贤"与"仙"音近，这条巷子遂被称为"周仙巷"，后讹称"周线巷"。这条巷子与中国近代史发生关联，源于晚清著名政治家、企业家盛宣怀[①]，"常郡周线巷盛公馆"即坐落于此，盛宣怀曾在这里居住过不短的时间。后代研究表明，这座公馆是盛家在周线巷祖宅的基础上扩建起来的。

　　徐家老宅也坐落在这条巷子里，祖上在老宅开了一个小油坊，整个家族以此为生。徐旭常在这里安静地成长到5岁，在这期间，他还迎来了一个弟弟和一个妹妹。

　　徐旭常幼年时期，祖父徐隽[②]在江苏省是有名的士绅，家庭条件还算不错。正处于天真无邪的时光，按理说，徐旭常的童年应该是幸福而美好的。然而，他的日子要比同龄的孩子难熬许多，困扰主要来自健康方面。徐旭常自幼身体羸弱，经常与病痛打交道，1岁那年出水痘，并引发肺炎，病情危急，中药、西药都尝了个遍，最终才得以转危为安。

颠沛的童年

　　虽不完美但还算安宁的日子，到1937年戛然而止。这年7月，抗日战争爆发，日本侵略军迅速占领上海，以太湖平原为中心的江南地区处于

[①] 盛宣怀（1844-1916），江苏常州人，字杏荪，清末著名政治家、企业家、慈善家，洋务派代表人物。中国近代轮船、矿山、电报、铁路、纺织等产业的建立和发展过程中，都有他的身影存在，他同时也是上海交通大学、天津大学的创办者之一，被后世誉为"中国实业之父""中国商父""中国高等教育之父"。

[②] 徐隽（1880-1945），字果人，清光绪年间中了举人，成为常州当地有名的士绅，曾和常州地方名流一起兴办新式学堂冠英小学（今觅渡桥小学）。1915年到北京投身政治，结识云南督军蔡锷，后随蔡锷赴云南任云南督军府财政厅厅长。1918年8月，被选为北京安福国会参议院议员。1921年返回江苏，适逢江苏省第三届省议会选举，于党派相争中当选省议长。1925年7月，北洋政府临时参政院成立，任参政员。1928年6月"北伐"军队进入北京，北洋政府终结，回到江苏省继续从事政治活动。

中日战争的前沿，社会秩序被彻底打乱，城镇市民开始逃难。此时，徐旭常的父亲徐毓湘正独自在上海谋生，祖父因不属于蒋介石派系，未随蒋系一起撤往重庆，于是组织全家分头向常州荒郊避难。徐旭常的母亲一人带着四个4—7岁的孩子，从常州戚墅堰码头乘小船出发，沿河逃到了太湖中人烟稀少的马迹山[①]暂时栖身。

每逢战乱，必引致匪患。母子五人在马迹山的生活注定是不安宁的，先后两次遭到了当地土匪的洗劫，以致到后来五个人在岛上的生计都成了问题。

幸好，父亲及时得知了消息，很快赶来将全家辗转护送到苏州，与祖父汇合。此时，迫于家庭生计的压力，祖父徐隽已经在朋友劝说下参加了汪伪政权苏州地方维持会的工作。1938年5月，江苏人陈则民调任伪江苏省省长，此人乃是祖父徐隽的朋友，很快提携徐隽担任了伪省政府秘书长之职。当时，伪省政府的办公地点及家属居住地点都在苏州著名的园林——拙政园内，徐旭常也与家人寄居于此。

然而，一年后变故再生，伪江苏省省长改由日伪亲信李士群担任，原来的伪政府人员多数被解职。祖父徐隽只身一人转往上海，借居在朋友的租界公寓中，父亲则举家迁居至苏州北寺塔对面的一间民房里。此后，徐旭常随家人再次搬家，到苏州东花桥巷底山茶树头2号祖父留下的房子里生活了一段时期。

父亲徐毓湘幼年时曾随祖父到北京历练，后毕业于北京法政大学法律系，并取得了律师资格证。在苏州生活期间，他曾在地方法院工作，后来为了支撑家庭生计，与自己的两位连襟在苏州观前街经营了一家店面很小的零头布店，但因经营惨淡不久便关门了事。随后，徐毓湘再次独自到上海谋生。

1943年春，在徐旭常11岁的时候，父母终于带了三个男孩[②]前往上

[①] 马迹山，简称马山，古称夫椒山，太湖第二大岛屿，雄踞于太湖西北部，全岛面积约34平方千米，现已久与大陆相连呈半岛形状。它是太湖中的一个千年古岛，抗战初期有人口4000余人。

[②] 第一个妹妹于苏州生活期间夭折。

海定居。当时住在福煦路（今延安中路）四明村 69 号一栋狭小的房子里，虽然依旧客居，但总算是有了一个长期的稳定住所。在接下来的 7 年中，徐旭常在上海成长，走完了自己的少年旅程，并迎来了更小的两个妹妹。

是块儿读书的料

在迁居上海之前，徐旭常已经在苏州读了几年小学。

最初，他和哥哥炳常一起进入苏州的一所教会学校——晏成中学附属小学读书。可能是因为当时年龄太小，徐旭常晚年对这所小学没有留下太多记忆。三年级时，因为搬家，哥俩转学到苏州纱缎小学（今善耕实验小学），徐旭常对此的记忆是，转到了一所教学严格的学校，他记得学校要求学生在四年级时即背诵《论语》与《古文观止》，背不出，便要被红木戒尺打手心。

1943 年到上海后，徐旭常转到了隐身于一条弄堂里的明村小学就读。

1944 年，徐旭常小学毕业，进入居家附近的民立中学初中部。这是一所私立学校，在这里，他属于学习成绩排名前列的好学生，每年都能申请到一些助学金。

徐旭常开始对自己的人生有规划并付诸实践，是在 1947 年。当时，他还未满 15 周岁，即将初中毕业，面临着毕业之后何去何从的问题。他觉得自己还是比较喜欢读书的，而且希望到更好的学校就读，于是自作主张，与民立中学的几个同学一起报考了当时在上海地区教学质量排名榜首的江苏省立上海中学高中部。

因为是名校，招生竞争非常激烈，他

图 1-1　1947 年初中毕业时的徐旭常（何丽一提供。后文中图片如无特殊说明，均为何丽一提供）

所报考的工科班录取比例大概为30∶1[①]。第一次报考，他没有被录取。幸运的是，一个月后上海中学又组织了一次补录考试，徐旭常不气馁，再次报考，并最终得偿所愿。

不过，由于是私自决定报考上海中学，事前家里人并不知情。等到取得录取资格，徐旭常才和父母商量。父亲是一个细心的人，素来比较偏爱这个身体素质比较差的孩子，况且，徐旭常是三个儿子中学习成绩最好的一个，没准儿真的是块儿读书的料，于是决定尊重儿子的选择，支持他到上海中学读书。

祖父的背影

徐旭常很少对外人讲述自己小时候家里人的情况，即便对妻子和孩子，这方面的交流也不多。但是在晚年的病床上，他却意外地对自己的祖父徐隽进行了很多回忆。最终由徐旭常口述，他的孙子徐劭旸整理出了《往事钩沉——忆祖父徐果人》一文。抄录如下：

> 我的祖父名徐隽，字果人，世代居住在常州周线巷老宅。祖上在老宅开了一个小油坊。祖父兄弟五人，他排行老五，四个哥哥都一直帮助家里经营油坊，以此为生。
>
> 祖父在光绪年间中了举人，成为常州当地有名的士绅。他积极提倡新学、发展实业，为常州的发展做出了开创性的贡献。祖父和常州的一些绅商一起兴办了新式学堂冠英小学，他任教务长。1906年，当局为了更好地办学，曾派遣祖父赴日本考察教育。祖父与同人竭力推行新式教育，一改传统私塾的模式，经常举办演说、歌咏、旅行、春秋两季运动会等活动。当时的课程有国文、算术、博物（含生理解

[①] 数据来源于徐旭常日记。

剖)、历史、地理、格致、体操等课。他还亲自编写了小学算术教科书和微积分学。(按：瞿秋白即毕业于冠英小学，冠英小学还培养出了五位中国工程院和中国科学院院士)

祖父生活在十分动荡的年代。辛亥鼎革后，临时大总统孙中山让位给袁世凯，袁在1915年称帝，护国战争爆发，随后黎元洪继任大总统，张勋复辟，徐世昌、段祺瑞相继执政，开始搞所谓的民主和议会。这时的政局像走马灯一样地变幻着。

这一时期正是中国军阀混战，遭列强觊觎的苦难岁月，祖父决然投身政界，希望能为国家干一番事业。他于1915年抵达北京，结识了云南督军蔡锷。祖父的母亲去世后，祖父随蔡锷赴云南供职于云南督军署，任云南督军府财政厅厅长，并参与了蔡锷的反袁战争。在此期间，祖父的原配章太夫人病故（生儿毓湘、女芹贞），续弦为章氏的妹妹。他在云南时娶一妾（生儿毓梅）；回江苏后又娶一妾（生儿毓桐、女蔼珍）。

蔡锷病逝后，祖父从云南回到江苏常州，适逢江苏省议会选举。在朋友的鼓动下，他前往南京，参加了江苏省议会选举。省议长不仅是当时一省民意的总代表，还是将来许多人所瞩目的联省自治的省长候选人。结果祖父当选为省议长。

1918年，祖父又被选为北京安福国会参议院议员。他到达北京除参加议员活动外，还和友人一同在北京办报，担任编辑工作。

1918年，德法签署了停战协定，第一次世界大战结束。消息传到北京，万众欢腾。但日本在英、美、法等国的支持下，突然提出要承袭德国在山东的权益等无理要求。巴黎和会在没有经过中国代表同意的情况下，对山东问题做出最后裁决，承认了日本继承德国在山东的一切权益。全国各地反对签署对德和约的呼声越来越高，纷纷致电北洋政府。

1919年5月，祖父和张玉庚等连署号召拒签对德和约。（按：通电中称："为提议事：查众议院前准大总统咨称：为巴黎会议各问题，政府决定此项草约，大体应行签字……我中国以参战资格，列席和会，并此暴德攘夺之权利，不能直接收回，而复慕买椟之虚名，受还珠之实害。政府何以对国民，国民何以自立于世界耶。为此，应请政府下最后之决心，如保留山东问题毫无把握时，即训令赴欧专使，拒绝签字，留将来挽救之余地，即以收一线未绝之人心。是否有当，敬候公决。")

1925年，北洋政府临时参政院成立，祖父任参政员。（按：临时参政院中有178名参政，赵尔巽为议长参政）安福系政府倒台后，他回到江苏，协助地方资本家兴办常州民丰纱厂等实业，并从事江苏省的政治活动。

抗日战争爆发后，日军侵占南京等地。由于祖父不属于蒋系，故而他没有撤往重庆。江苏沦陷后，祖父的生活也很困难（家族人口众多，所以我们平时不住在一起，祖父一直住在一个比较高级的洋楼里，逢年过节父亲才带我们去见祖父）。因此，祖父在朋友的劝说下，参加了日伪地方维持会的工作。后来，他的一位姓陈的苏州士绅朋友出任了江苏省伪省长，祖父则担任了江苏省伪省政府秘书长之职。当时伪省政府的办公地点及家属居住地点都在苏州的拙政园内，我们当时正从上海逃难到苏州，和祖父一同住在拙政园内。

一年之后，江苏省伪省政府省长改由汪的亲信李士群任职，原来的伪政府人员全部解职。祖父只身一人转往上海，借居于友人在租界的公寓中。

抗日战争胜利后，祖父仍独居在上海租界中。此时，蒋声言要惩办一切汉奸。祖父心中惶恐懊丧，加之早已因病卧床四五年之久，终日郁郁寡欢，对人生感到厌倦，便服安眠药弃世。

整篇文章以时间为脉络，粗线条地记述了徐隽的一生。虽然没有过多的议论与情感表达，但是我们读之依旧可以感受到徐旭常对祖父生前成就的认同感和自豪感，以及对他晚年经历和遭遇的惋惜。据徐旭常的家人介绍，直至晚年，徐旭常对于祖父"当汉奸"一事始终未能释怀，认为祖父英明一生却晚节不保，虽为形势所迫，但终究是他个人的人生污点，也是整个家族的污点。这段家族史对于徐旭常的品行性格以及他终生的行事风格或许造成了不小的影响。

第一章 少年时代

第二章
上中记忆

勇 猛 精 进

1947年7月,徐旭常从上海民立中学毕业,9月,便踏入了江苏省立上海中学的校门。

上海中学在当时极负盛名,办学历史可以追溯到1865年,这一年是清同治四年,时任苏松太道的丁日昌① 倡议设立龙门书院,旨在"储人才,备国家之用"。两年后书院落成,课程以经史为主。1905年,学校改立为苏松太道官立龙门师范学校,以培养小学教师为目的。1910年,更校名为江苏省第二师范。1927年南京国民政府成立后,江苏省立中等学校于暑假期间进行全面改组,江苏省立第二师范商业专科学校、省立三中、四中和

---

① 丁日昌(1823—1882),字持静,广东省丰顺县人。历任广东琼州府儒学训导、江西万安、庐陵县令,苏松太道,两淮盐运使,江苏布政使,江苏巡抚,福州船政大臣,福建巡抚,总督衔会办海防、节制沿海水师兼理各国事务大臣,是中国近代洋务运动风云人物之一。

东南大学附中的一部分合并后改组为江苏省立上海中学。最初，上海中学初中部与高中部分而设之，后来为实现"江苏乃至全国之模范中学"的办学目标，经当时的江苏省教育厅批准，上海中学将高中、初中两处校舍出售，选址上海市南郊吴家巷（今上中路）辟地500多亩修建新校址。1934年10月新校舍落成，学校延请名师专家授课，教学质量在当时的江苏省名列榜首。

1937年"八一三"事变后，上海中学校舍被日军侵占，1940年成为日军关押英美侨民的集中营。上海中学被迫迁入上海法租界内，租用临时校舍继续坚持上课。1942年年初，为拒绝向汪伪政权登记，避免被非法接管，学校一度改名为私立沪新中学。直至1945年抗战胜利才恢复原校名，并于1946年2月重新迁回吴家巷原址。

当然，这些都是徐旭常与上海中学发生交集之前的事情，待到徐旭常与他的同学们入学时，上海中学校园已经整装一新，高大的校舍、器材完备的实验室、藏书丰富的图书馆、宽敞的体育场馆，让他们觉得新鲜而欣喜。学校大礼堂前一块印有"勇猛精进"四个大字的匾额，鼓舞着学子们年轻躁动的心。

全校男生一律头戴大盖帽，身穿米黄色校服，女生均是齐耳短发，白衬衫黑裙子，整齐朴素。穿上统一的校服，让这批高一新生有了一种受洗与升华的感觉。

上海中学素以教学设施完善、治学态度严谨、教学质量上乘著称。当时，在上海中学高中部毕业的学生可以选择继续读大学，也可以直接进入专业岗位工作。徐旭常在高一年级时的同学丁明后来回忆说，1947年他之所以报考上海中学，就是因为曾经在实习的电力制钢厂看到过一位上海中学工科毕业生画的工程图，干净、漂亮，这让丁明第一次产生了到上海中学读书的想法。为了实现升学、就业双重目标，上海中学在设计教学课程时既要考虑学生考大学的知识储备，又要考虑工商企业招工的需求，因此课程门类很多。

而且，1947年对于上海中学来说还是一个特殊的年份，这一年，我国著名超常教育先驱沈亦珍[①]已经接手校长职务两年了，他决定推出自己心仪已久的超常教育[②]实验。除了创办聪颖儿童教育实验班，沈校长还在全校范围实施了教学改革，坚持多科制，允许学生选学本学科以外的若干课程，以适应个别发展的需要，同时鼓励学生参加学科竞赛。对于表现优异的超常人才，学校还会给予政策上的扶持，帮助他们脱颖而出。竞争与向上的学习氛围，逐渐在上海中学的学生们中间普及。

考入这所学校，意味着徐旭常具备了接受高等教育的基本条件，同时也意味着一段艰苦的学习生涯拉开了序幕。

徐旭常那一届高一新生共分 7 个班，每班 50 人，普通科（文科班）、工科、商科各 1 个班，理科 4 个班。徐旭常就读于工科班。班上男女生比例与当今理工科高校的理工科专业颇为相似，女生仅有 1 人，差点成为和尚班。

图 2-1 1949 年徐旭常（第一排左三）和上海中学的同学合影

学校对学习抓得很紧，一周有 30 多个小时的课程，每晚都有晚自习，每两周休息 1 天，学生的学习压力很大。尤其是工科，学习负担要超过理科和商科。进入二年级，班上工科特色越发明

[①] 沈亦珍（1900—1993），江苏高邮人，我国著名教育家。1916 年，沈亦珍入上海大同学院就读，次年考入南京高等师范工科，1918 年夏，公费保送至香港大学，1922 年获香港大学文学学士学位。后历任厦门师范教师、国立暨南大学中学部主任、上海大学英文系教师、江苏省立上海中学师范科主任、教务主任等职。1933 年，沈亦珍考取江苏省教育厅公费出国进修名额，赴美国深造，一年后在密歇根大学获教育学硕士学位，随即转入哥伦比亚大学师范学院，以"中学聪颖儿童教育之研究"为主题攻读博士学位，1936 年获哥伦比亚大学教育学博士学位。1936 年 6 月回国，历任广东省勷勤大学教授、江苏省立镇江中学校长、复旦大学英文系教授、甘肃省教育厅主任秘书、西北师范学院英文系主任、国立中央大学教育学院教授、教育部简任督学等职。1945 年抗战胜利后，受聘担任江苏省立上海中学校长。1949 年赴台湾。

[②] 超常教育，在欧美称为英才教育，在我国香港等地区称为资优教育，是指为那些在智力等方面超常的儿童创立的教育，注重因材施教，以挖掘个体的最大潜能。主要模式有两种，一种是速成计划，即在较短时间内完成通常规定的学习分量；另一种是充实计划，指不缩短教学时间，而是把教育内容加多、加深。

显，徐旭常与同学们既需要学习理科的数学、物理、化学等课程，还更早地接触到了解析几何、大代数等内容，同时又要学习工科的铸工、机械原理、材料力学、机械制图、木工等课程（表2-1）。虽然都是一些基础工业知识与基本技能，但对于一群十五六岁的孩子而言，难度还是相当大的。

表2-1 徐旭常所在上海中学工科班高中三年的课程设置

课程		授课老师	课程	授课老师
公民		卢克宜	机械制图（经验设计）	顾锦城
国文		郭则清、娄博生	热工学	顾锦城
英文		吴德彰、朱孝崇	电工学	陈树仪
数学	三角	施国均	无线电	陈树仪
	立体几何	施国均	汽车、内燃机	龚洪年
	大代数	唐秀颖	机床	龚洪年
	解析几何	唐秀颖	车工	沈浣清
	微积分	唐秀颖	钳工	沈浣清
物理		陈树仪	锻工	沈浣清
化学		谈冠英	木（模）工	沈鲁瞻
投影几何		陈树仪	铸工（翻砂）	沈鲁瞻
机械制图		沈浣清	工厂管理学	章先生
应用力学		沈鲁瞻	政治常识	陈光祖
材料力学		沈鲁瞻	音乐	彭稚萝
机械原理		沈浣清	体育	章允中

上海中学工科有自己的实验工厂，包括车工间、钳工间、木工间、铸工间、锻工间和专用的工程制图教室。部分车间此后多年一直沿用，1996年徐旭常重访上海中学时，还曾参观了自己在读期间实习过的车工间，犹记得当年做锻工实习时的情景。当时，师傅手执小锤指点，学生手握大锤敲打烧红的铁锻件，徐旭常因为个子小，力气也小，落点掌握不准，被他砸飞的锻件竟然冲向了自己的眼睛，幸好被眼镜挡住，算是有惊无险地躲过一劫。

因为学校提倡英语教学，工科班的制图、热工、电工、微积分等教科

图 2-2　1996年徐旭常重访上海中学，参观读书时的实习车间

书都是英文版的，老师们讲课时喜欢汉语中夹带英语词汇，或者直接用英语授课。刚开始，同学们对此非常不适应，徐旭常也不例外，每天抱着一本英汉词典，依旧很难弄懂课本上究竟写的是什么。为了学好英语，除了上课听讲，徐旭常还专门制订了学习计划，规定自己每周要做两篇英文日记，早起背诵单词、文选，晚饭后课外阅读《纳氏文法》，并要牢记其中的要点。这些学习英语的办法现如今的学生都不陌生，不过能像徐旭常当时那样每天坚持的却不多。他相信"有志者事竟成"，英语学习只要时间花到了，总会有所精进。

当时，上海中学奉行"严进严出"原则，对在校生实行严格的淘汰制度，期末考试成绩不合格的学生是要被劝退的。到1950年徐旭常毕业时，他所在的工科班因为淘汰制和其他一些原因，最初入学的50名学生中仅25人拿到了毕业证。

为了保证学习环境，上海中学实行准军事化管理，每天清晨6点起床，梳洗并列队早操，之后集体早自习1小时，早餐后为上课时间，晚饭前大约有1小时的自由活动时间，晚饭后集体晚自习，21点整准时熄灯。学生每日起床、出操、上下课、用餐、晚自习、熄灯都以吹号为令，连就餐都需要班级整队进入饭厅，生活作息严格而有序。此外，还有一些规定让学生们很"抓狂"，比如要求学生起床后在第一时间整理床铺，床单要平整，学校统一购置的床单上的蓝色条线要各床铺之间对齐，形成一条直线。这些虽然对学生的学习没有直接帮助，但是对于培养学生们的纪律意识、生活习惯、自律能力都是有裨益的。很多学生就是因为受不了这样严格的校风与校规，而主动退学了。

老师们也并非徒有虚名，工科主任顾锦城，既教书又育人，讲课时深入浅出，嗓音高昂，时不时还会蹦出一些英语词句，让讲台下的学生们听得十分有劲。在讲机械设计时，他会经常提醒学生们，中国工业落后，连火柴、铁钉都叫"洋火""洋钉"，借机勉励自己的学生努力学习，今后报效祖国，发展中国自己的基础工业。1950年徐旭常高中三年级寒假期间，顾主任还通过个人关系，安排工科班同学到上海的恒新股份两合公司实习。当时，徐旭常和一名叫薛祖德的同学被安排至该公司的机器制造厂实习一个月，在这家主要从事机床制造的工厂里，徐旭常的主要实习任务是描图。这是他人生第一次真正地参与到国家的工业建设当中，虽然只是浅尝辄止。

在相对稳定的环境中潜心学习，符合徐旭常的性格，对他来说如鱼得水。从他当年的日记中可以看出，他的求知欲旺盛而迫切，在学校的作息安排范围内，还要再制订更加周密的、符合自身特点的学习计划。对于学习，他当时便有自己的见地：第一，基础知识和基本概念最重要，是必须掌握扎实、理解透彻的；第二，学知识要活，要融会贯通。当时学习机械设计课程，徐旭常读课本时产生了许多疑问，都跟材料力学有关，可惜当时这门课没有学好，于是他就跑到图书馆借了一本《材料强弱学》，花时间、花心思又自学了一遍，把遇到的问题全部解决掉才作罢。

这种随时通过自学补充知识的习惯，徐旭常保持了一生，对他后来的科研工作助益良多。其实他并非个例，对于那个年代走出来的大多数科学家来说，"干中学"是常态，遇到不懂的问题不畏难，问旁人、问前人、问书本，随干随学。正是因为有了这种劲头，其他人走不通的路才能被他们走通，其他人发展不了的新领域才会被他们攻克。

绩优生的无奈

因为在学习方面肯下功夫，徐旭常对上海中学严格的考试与筛选制度并不畏惧。相反，他还把考试化为己用，当作一种检验学习效果、对所学课程进行总结的手段。基于此，他很看不惯考试作弊和考前临时抱佛脚的行为。有一次，在期末考试前学校突然停电了，这可急坏了那些准备晚上突击应付第二天考试的同学，徐旭常反而乐了，倒并非幸灾乐祸，只是他觉得，既然考试是在检验平时的学习成果，考前不能突击才公平嘛。

作为刻苦读书的回报，徐旭常在上海中学就读期间曾经获得过两次奖学金。虽然金额不大，而且随着物价飞涨转眼间就贬值了，但对于当时的他来说，这却是莫大的鼓励，同时也可以为家里略微减轻一点负担。

徐旭常的家境并不富裕。祖父虽曾为高官，却并未给子孙留下什么资产。父亲在抗战胜利后失业了一段时间，后来在棉纱同业公会担任普通职员，母亲一直未参加工作，全家7口人只靠父亲一人的工资维持生计。在物价飞涨的年代，这样的家庭距离赤贫仅一步之遥。甚至在孩子们开学的时候，学费都需要分期交给学校。年轻的徐旭常已经知道为这些事情忧虑，从他初中毕业前1947年6月27日的日记中可见一斑：

> 天气热了，物价也飞涨了，我本来在漫画上看见了一件东西生了两只翅膀，直向上飞，下面画着一个皮包骨头的人在追，诸如此类的漫画看不胜看，但我真有些不懂，到底要涨到何日为止，克宁（Klim）奶粉每磅已五百六十万元了，一只口琴已五六百万元了，开学时只卖四五万元一支的固齿灵牙膏已卖到六十万元了，真要吓死人了。短短的几个月一跳就是十二倍，唉，这样涨叫我们怎么办？结果还要说到下学期求学问题，在这种情况下父亲要负担这么许多钱真费尽了他的心血了。现在已有四个人在读书，下学期或许又要加一个人，我想想也非常着急，但着急又有什么用呢！

在这种情况下，能够继续读书已经算是一种奢侈。高中入学后，徐旭常尽量节省每一块钱。上海中学位于市郊吴家巷，每次假期他都是在田埂上步行1小时至徐家汇，然后再乘电车回家，这样能够省下一部分车钱。能从图书馆借到的书绝不去书店买，但是有些必须要买的，他又不忍心和父亲多要钱，这个时候，有一些奖学金，总是可以发挥些许作用的。

在所有课程中，唯一让徐旭常感觉无奈的，是体育课。他自幼体弱多病，体育成绩经常不能达标。在锻炼身体方面，他的自制力与自律能力似乎打了不少折扣，制订的锻炼计划经常是完不成的，于是计划一个接着一个地流产了。在纠结与痛苦中，体育成绩始终与其他同学有很大差距，这一度让他很自卑。

另外一件让他自卑的事情来自性格方面。天生内向，不善谈吐，在那个学生运动轰轰烈烈的年代可是一个很大的短板。幸好，这样的同学不止他一个，他所在的宿舍内还有几个见人不敢说话的腼腆型男生，所以，还有扭转的机会。当时，他们几个人为改变这个性格缺陷，组织了一个演讲小组，在宿舍里关起门来搞演说。为了壮胆，大家都说"要把观众当石头"。有同学多年后回忆说，徐旭常一开始讲就脸红，他皮肤又白，因此得了个"小姑娘"的称号，但他同时又是几人中最勇敢的一个，争着要讲。从徐旭常此后多年的行为表现来看，内向的性格终究没有被彻底扭转，见人不敢说话的腼腆倒是不见了，至于是否曾得益于高中时参加宿舍演讲，外人便不得而知了。

共青团小将

徐旭常进入上海中学就读时，正值新中国成立前国共两党斗争激烈时期，上海的学生运动风起云涌，一浪高过一浪。在风雨飘摇之中，上海中学以"纯教育"为名，对学生实行了严格的管控，不准有社团活动。就在徐旭常这一届学生入学前，学校按照国民党江苏省、上海市党部指示，借进步学生到市区参加"反饥饿、反内战"游行之由，开除了上百名学生。这样，在上海中学的中共地下党员力量遭到了严重削弱。待到新一届学生入学，学校内仅有一名共产党员，就是徐旭常所在工科班的吕明伟，他是当时的上海中共地下党中学区委特派到上海中学来重建组织的。

都是十六七岁、处于叛逆期的青年人，比较乐于接受进步思想。最初入学的几个月，吕明伟积极活动，对同学们进行政治开导，组织身边的同学到陶行知创办的"山海工学团"参观、阅读进步书籍，这对徐旭常触动很大。徐旭常晚年曾回忆说，自己不是一个记忆力很强的人，年轻时的很多事情都淡忘了，但是在上海中学参加进步学生活动的经历，他记忆犹深，一直不曾忘记。在他当年的日记中，对这段经历也着墨颇多，1948年1月1日的日记便详细地记述了他在吕明伟的号召组织下参加灾民救助活动的经历：

> 今天一早我早饭没吃，吕明伟已骑了脚踏车来找我了。最先我搭了二路电车到交大门前，尹光裕已候在那里，全永良、王福兴、徐林钧、涂继正、王成彦、赵斯万、王述惕、蔡明恩已在文治堂等了好久。而唐森千则等了好久还没有来。我们也没有更多的时间去参观他们的内部了。一直到了十一点钟方才和十多个交大学生，其中很多还是我们上中的校友，共约二十多个人捐了棉被和一些预备捐去的寒衣，一起乘公共汽车到一个集合地方，也是交大校友那里。后来商讨了访问的事情，便一起出发了。我是和吕明伟、王述惕、全永良一组的。一路问寻，到了南市的一个叫什么火腿弄的地方，那里聚集了很多难民。我们访问后胡乱吃了些大饼和一碗饭，也是在交大校友那里吃的。下午我们在火腿弄附近的火神庙内分发寒衣，一时庙前塞满了难胞。我们给他们的东西，有的谢谢，有的要换，有的拿了还要拿，只是不肯走，一直到了太阳下了山，我们才工作完毕各自回家。他们给我们照了相，预备印好了寄给我们。我准备在他们印好后，向他们要全部的。在交大的时候，他们给了我们一个分发寒衣的证章和在同济大学开庆功会的入场券，我得了两张。

记完这一段，徐旭常似乎觉得自己内心的感情依旧难以抒怀，于是又在日记本上写了一篇《访问难胞特记》：

> 在弯弯曲曲的石子路上跑来跑去，总算找到了我们的目标——火

腿弄（不知是否这几个字，而且也不知道为什么要叫这个名字）。我最初也不相信这么好的地方会有难胞。哪里知道，就在这弄底有很多的草棚，不，也不可以叫棚屋，因为正式的草棚要比这好得多。这屋的高低还不到我的颈项那里，地下都是肮脏的垃圾和泥浆，屋子里总算是比泥浆干一些的土地。地上放着既破又黑的棉被，他们一家人就躲在这里边。这屋也不过一人长、半人宽，却要挤三四个人，这又不是畜生。屋里边也没有什么东西，最多也不过放个炉子、一个锅子，胡乱拾些稻草绳当作燃料。他们好像早已知道，我们是来干什么的。我们的工作计划分配停当后，便正式开始访问了。

先在最近的一个草棚前站住了，低了低头，弯着身子，看见里面坐着一个男的和一个女的。那个男的好像比女的年轻，或许就是她的儿子。女的还坐在脏得不堪的棉被里做针线。他们看见我们的到来，好像来了财神爷似的，连忙请我们进去。我们就走了进去，坐在他们的被子上，开始问他们从哪里来的。他们说是从安徽的黄泛区的一个小县里来的，他们是因为内战而被迫出来的。我听他们的口气好像是恨透了战争。他们来了有五六个月了，每天靠要饭来维持生活。前些时候，保甲长仅发给过他们一万元钱救济费，从此以后就没有任何劝募金了，也没什么机关来救济他们。短短的几句话以后，我们就出来了。刚出来，又被一个十七八岁的难胞拉了去，说请到我们这里来看看，我们也就跟着他去，有一个小孩睡在那里，一个六七十岁的老太婆坐在里边，他们身上穿得可怜，他们说的话也是一样的，是安徽人，被战乱逼出来的。

我们问他为什么不去做工？咳！他叹气道，谁说不去做工，做工得来的也实在可怜。本来他替人运一样东西从这边到那边，每次可拿到八千八百元（我想，这很好了）。但可怜的是他们被一层一层地剥削，等到他们净拿到的就只有一千五百元了。咳！一只大饼也买不到。所以，现在社会的黑暗提起来就使人伤心。我们待了一会儿出来了。又遇到一个年纪相仿的青年难胞，他却不是因为战乱而被迫出来的。听说是被地主逼出来的。我们不是常在小说里可以看到肥胖得像猪一样的地主压迫穷人！我本来也不相信小说里的事。听他们这么一说，我觉得世界上可真有这种事。他们说，他们租了田，一年能收入一石黄豆，那么他们先要给地主五升，要给保甲长们去送上峰每亩田两万元钱。咳！他们种出了一石黄豆，自己最多也不过拿到三升；而且最近又有黄水淹田，地主们还是要他们拿出一半的收获。天哪！他们非但没有拿到收成，还要叫他们拿出。而他们住屋也给水淹塌了，所以不得不逃出来。事实上又有谁愿意背井离乡做难民呢！

今天我们的访问任务也结束了。

从这段记述中可以看出，徐旭常虽然在此之前积极地参加了青年进步活动，但对于听来或者从书中看来的"事实"，他是有自己的思考与判断的，若不是因为这次难民救助活动中亲眼看到了流民的生活状态，他并不愿意相信现实世界中竟有如此悲惨的一群人。我们也可以合理地想象到，这次活动对徐旭常思想认知的影响之大。

可惜的是，类似的活动没有能够持续进行下去，原因是校方察觉了学生们的举动，利用1948年年初放寒假的机会，将吕明伟开除了，工科班乃至整个上海中学内只剩下了吕明伟离开前发展的两名新党员。此时，国共两党斗争已经进入人民解放军发动大反攻的新阶段，国民党在国统区加强了对中共地下党活动的镇压。按照中共党组织"长期隐蔽，积蓄力量，以待时机"的指示，上海地下党活动有所调整，学生大型运动也减少了。上海中学徐旭常一届的两名新党员带头，在班级"团结社""学习互助小组"的基础上，组织了"新青年社"，最初的社员有17名。徐旭常因为受到访问难胞经历的冲击，对于这些活动的接受程度进一步增加，也积极地参与其中。

不能到校外参加活动，同学们便在校内发声，阅读进步书刊，谈论时事，以宿舍为单位进行演讲比赛，鼓励学生自治……其中一次比较有影响力的活动发生在1948年11月。当时，上海中学每个班都有一名膳食代表，这一日，全校膳食代表趁校长去英国讲学，突然向主管膳食工作的校方主管李伯扬发难，要求学校追究其贪污行为。当时，膳食代表们在教务长兼代理校长的办公室内据理力争，"新青年社"成员与许多其他同学在门外助威，最终迫使代理校长同意学生查账。虽然没能真正揪住李伯扬贪污的证据，但是自此以后，学生的膳食确也得到了一些改善，算是一次比较成功的"自治"初探。

1949年4月人民解放军渡江战役打响后，上海中学旋即筹办应变措施，组织学生将学校的教学仪器、设备、图书、家具等运到市区成都路新华小学，学生则转移到市内淡水路萨坡赛小学继续上课。

1949年5月25日，人民解放军从徐家汇开进上海市区。上海中学学生的热情很高涨，迅速将校产运回学校，整理被战争损毁的校园。6月初，上海中学党支部成立，军管会派代表接管了学校的管理工作。7月6日，上海市举行了庆祝解放的大游行，徐旭常与班级全体同学都参加了这次活动。此后不久，军代表完成了接管工作，开始恢复上课。工科主任顾锦城以及其他一批教师都留在了新生的上海中学，继续从事教学工作。

不久，新民主主义青年团徐汇区委的一位副书记来到上海中学指导团组织工作，1949年11月，上海中学第一届团委成立，在全校各班级设立了团支部，并在当年纪念"一二·九"运动时吸收青年团员300多人。徐旭常所在的工科三年级班有10名正式团员，徐旭常是其中之一，此外还有3名候补团员。

有意思的是，徐旭常是上海第一批正式共青团员，但入党时间却很晚，直到1990年才正式成为一名共产党员。入党时间推迟的原因，是徐旭常要求自己"思想与行动一以贯之"的倔脾气。这种性格，曾多次影响了他的人生选择。关于入党，他的想法是，如果要申请，那就要真正地把自己的一切，包括生命，都交给党。这让年轻的徐旭常心里犯了嘀咕，他有自己的志向，想为国家做一些事情，然而他知道，以自身的禀赋和条件，战场搏杀并非他所长，白白送死是没有多大意义的，只有活着，才能找到更好地发挥自身价值的机会。所以，直到20世纪80年代后期，在他已经为国家做出了常人远所不及的贡献时，才心中释然地向党组织提出了自己的入党申请。

差点错失的求学机会

充实而富有激情的上中生活转眼就过了两年，到第二年结束时，未来将何去何从这个问题开始在同学们中间流转，也悄悄爬上了徐旭常的心头。他第一次认真地考虑这个问题，是在1949年6月中旬，彼时，军管会已经接管了上海中学。

自三大战役之后，人民解放军对国民党军队作战势如破竹，南京、上海等大城市相继回到人民的怀抱后，中共中央、中央军委部署各路大军继续南下，以解放整个华南地区，目标直指福建。作为配套工作，早在1949年2月，中共中央就曾做出指示，要求从老解放区抽调和训练干部，补充到新解放区去配合承担接管工作。然而，随着全国解放进程的不断加快，原先从老解放区抽调出来、准备支援新解放区的干部数量明显不足，于是中共中央组织部于1949年6月做出新的指示：为了解决南下接管干部人数不足问题，可以吸收大学、中学的青年学生参加革命，加以训练后充实接管干部队伍。6月18日，上海知识青年南下随军服务团招生通告通过《解放日报》等媒体对外发布，向广大青年学生发出号召："为适应胜利形势，培养革命青年，服务南方新解放区，特设立上海知识青年南下随军服务团，招生名额三千名，凡思想纯洁、初中以上程度、身体健康、年龄十八岁以上卅[①]岁以下之男女青年，均可报名。"

南下随军服务团的号角吹进上海中学时，同学们积极响应。报名还是不报名？徐旭常内心是有矛盾的。据徐旭常妻子何丽一介绍，在徐旭常当年的日记中，从来没有什么豪言壮语，他反复提到的一句话只是"为国家做点事"，朴素至极。能为国家做出贡献、为全国解放事业出力，是他心向往之的事情，不过他对自己的认知也十分准确，自幼体弱多病，参军对

[①] 卅，三十。

他来说有些勉为其难，而且他喜欢读书，也有读书的头脑，用知识武装自己之后才能更好地成为一名祖国建设所需要的人才。所以这一次，他压制住冲动的情绪，选择了等待。

第二次直面高中毕业之后去向的抉择，是在 1950 年年初，这次的纠结点在于"要不要去东北"以及"去东北干什么"。

当时，东北作为我国唯一具有比较完整的现代化大工业的地区，在新中国成立后肩负着重要的历史使命，毛泽东同志要求，要把东北建设成一个全国的工业基地，要出机器、出人才。因此，中共中央在资金、人才和工业项目安排上均大幅度向东北倾斜。队伍建设方面，中央给予东北特殊政策，从全国抽调人才进行支援，一方面，在统筹分配全国高校毕业生时，重点照顾东北地区，仅 1950 年全国高校 18000 名毕业生中就有半数被分配到了东北；另一方面，允许东北工业部到华东、华中等地区自行招聘所需各类人才。

当东北组织招聘团来上海招聘技术人才时，基于客观和主观两方面的原因，徐旭常再次动了心。

客观原因在于，当时家里经济条件不佳，已经无力支持徐旭常继续读大学，就业似乎成为不可避免的事情。尽管上海是旧中国最大的工商业城市和经济中心，但在恶性通货膨胀的攻击之下，上海经济在新中国成立前夕已濒临崩溃。解放初期，中共华东局竭尽全力稳定经济、恢复生产，然而经济恶化的惯性过于强大，工商企业停业、歇业数量依然有增无减。据不完全统计，上海私营商业企业申请停业者 1950 年 1 月有 159 家，2 月 161 家，3 月 243 家，4 月 389 家，5 月 502 家；申请歇业的商店 1 月有 363 家，2 月 349 家，3 月 796 家，4 月 1576 家，5 月 2697 家。5 个月间，近 1500 家工厂停业，近 6000 家商店歇业。此外，还有很多工厂、商店和手工业作坊往往是自行停工歇业，根本就没有向政府相关部门申请。工商业大量倒闭，随之而来的必然是严重的失业问题，截至 1950 年 5 月中旬，上海市失业工人救济委员会初步统计的失业人数就达到了 196292 人，加上半失业工人，一共 258836 人。假使每个失业工人负担两个人的生活，连其家属共约 60 万人失去了生活依仗，占全市总人口的 12%。

失业率之高，历史上罕见。上海中学工科毕业生虽然比其他高中毕业生掌握了更多工作技能与实习经验，但在与大量有工作经验的求职者以及大学毕业生竞争时，压力可想而知。如果不能在上海谋求一份合意的工作，到东北参加工作也不失为一种选择。徐旭常所在的工科班，便先后有11人响应号召，随东北工业部招聘团北上，被分配到了阜新矿务局等单位工作。

主观原因在于，徐旭常对工人阶级的伟大产生了更多的切身感受。自1949年下半年开始，国民党空军开始袭击上海，初期以轰炸居民区及民用设施、制造市民恐慌、破坏社会稳定为主，后来轰炸范围扩大，波及了与居民生活及工业生产息息相关的电力系统。1950年2月6日，国民党空军出动B-24型、B-25型轰炸机和P-51型、P-38型战斗机共17架，分4批空袭上海，共投下67枚重磅炸弹，轰炸的主要目标是杨树浦上海电力公司、闸北水电公司、南市华商电力公司、何家湾法商水电公司。其中，担负供应上海80%电力的杨树浦上海发电厂有2/3的发电设备被毁。整个上海的发电容量从15万千瓦一下子降至4000千瓦，造成了全市大规模停电。"二·六"大轰炸两周后，国民党12架飞机再次空袭上海，对闸北水电公司实施了重点轰炸，进一步破坏上海的电力供应。徐旭常在日记中记载了这些轰炸给上海市民的生活带来的影响，同时记录下了他对电力工人积极抢修、尽全力恢复上海电力供应的感激，认认真真地写下了自己的崇敬之情："工人阶级是最伟大的。"

报不报名？徐旭常在做最后的思量。即便依旧认为继续学习、用知识报效祖国才是自己最好的出路，但现实条件已然不允许，那么，不妨就响应国家号召去东北吧。如果不是在这时得知了一个意外的消息，徐旭常很有可能就应聘了东北工业部招聘团。那样，中国便从此多了一个在东北黑土地之下挥汗的矿工，而少了一个为推动国家燃烧学教学与燃煤锅炉发展而奋斗终生的学者。

正当徐旭常犹豫不定时，东北抚顺矿山工业专门学校（后均简称抚顺矿专）在沪招生的消息传到了上海中学。对于徐旭常来说，意外的惊喜是，这所学校定位于向东北矿业输送专门人才，此次南下招收的学生不仅免学费，还提供食宿。既能顺应支援东北的大潮流，又能继续求学问道，实在是徐旭常梦寐以求的机会，所以，即便家里人不支持，他还是毫无犹疑地决定报名。

报考抚顺矿专，徐旭常与同学们需要过两道关：其一，与上海中学校方协商提前毕业事宜，并为他们报考提供证明资料；其二，抚顺矿专招生明确要求报考者需年满18周岁，而当时徐旭常距离自己18岁生日还差几个月，只能找上海中学校方在年龄上做一点假。校方是支持学生到东北继续求学的，所以证明材料方面并未为难他们，但是明确拒绝了为徐旭常虚报年龄的请求。

怎么办？眼前唯一继续求学的机会就这么放过去？徐旭常不甘心。虽然平时安静、斯文，但他一向是个有主见的人，这会儿的胆子也大了起来，学校不给作假，那就自己干，于是他私自把证明材料上的年龄修改为18岁。

奈何不是专业人士的手笔，待到报名时，这张半伪造的证明材料居然被招生人员查出了纰漏，于是拒绝了徐旭常的报名。这下甘不甘心？还是不甘心，报一次不成功，就报第二次，但是他害怕自己再去报名会被人认出来，因此等其他同学报名的时候让同学捎带着给自己一起报。正所谓功夫不负有心人，这次竟然让他蒙混过关了。

多年后，徐旭常曾与妻子何丽一调侃这段经历，"不要求18岁时，我就报实岁年龄，要求18岁的地方，我就报虚岁年龄，也不能说是造假吧"。

1950年4月1日下午，徐旭常与900多名报考者一起走进了上海交通大学，这里是这次招生的考点，他们在一天半的时间里，先后考了大代数、国文、政治、解析几何、三角、化学、物理7门课程。

按照当时上海中学的规定，要想取得高中毕业证，他们必须在赶赴东北之前通过毕业考试。因为面临着高中毕业考试的压力，抚顺矿专招生考试结束后，徐旭常仍回上海中学上课。但是对于究竟能不能被录取，他心里一点底都没有。由于时间仓促，几乎无暇复习备考，一些比较难的题目，他没有答出来；一些简单的题目，他又有答错的，心中对自己颇为懊恼。5月初，当同班同学有3人接到了录取通知书，而他的却没有消息时，懊恼情绪终于升级为焦虑。

直到周末回家,他看到属于自己的那份录取通知书已经摆在家里,焦虑与烦躁的情绪才一扫而光。原来,当时报考填写录取通知书寄送地址时,同学们大都填写了学校,而徐旭常填写的是家庭地址。他自己都把这事儿给忘了,也因此白白失落、烦躁了一场。

不过此时徐旭常心里的石头还不能完全落地,他很清楚,父母是坚决反对他只身一人赴东北的,他要顺利离开上海,还需要做通家里人的思想工作。

"摊牌"过程很简单,徐旭常表现出来的坚决让家里人吃惊,以至于父亲在最终妥协时说道:"你今天不是来和我们商量问题,而是来征求同意而已。"年轻的儿子已经长大成人,虽然性格内向、不善言谈,但已经有了自己的思想与主见,身为父母,除了妥协,便是为他提供最好的支持。徐毓湘拿着家里不多的积蓄,给即将北上的徐旭常添置了一个柳条箱包、一套新的棉列宁装以及一些日常生活用品,并脱下了自己穿的毛衣和毛背心送给了他。

在家里人为徐旭常筹备行装的时候,他自己则在紧张地准备上海中学毕业考试。5月16日一早,他赶回学校,和被抚顺矿专录取的其他同学一起参加了在上海中学的最后一次考试。考试结束当天便匆忙赶回宿舍收拾行李,然后与舍友合影留念,互道珍重与祝福,提前结束了自己的高中生活。

1950年7月,徐旭常收到了上海中学的毕业证书,标志着他高中生涯正式结束。而此时,他已经身在遥远的辽宁抚顺。

在徐旭常的学习生涯中,上海中学的这段时光,是相对稳定和安宁的,这在那个社会动荡年代是难能可贵的。中学阶段,正是一个人打基础的时期,基础扎实了,也就有了再学习的能力和创新的能力。在上海中学,徐旭常打下了相对扎实的学术

图2-3 1950年高中毕业时的徐旭常

图2-4 2006年徐旭常（第一排左四）参加上海中学同学会（徐旭常院士追思会资料）

基础，培养了自学能力，也因为在当时社会背景下的种种特殊经历，他基本上确定了自己的人生志向。晚年时回忆那段生活，徐旭常显得兴奋乃至陶醉，他说："那是一段难忘的日子。"

第三章
北上求学

初 到 东 北

1950年5月18日，上午10点，在父亲的陪同下，徐旭常来到上海商学院，汇入了即将前往抚顺矿专读书的年轻学子当中。同班同学中，还有应诚文、涂继正、李希生3个人也考入了这所学校，所以徐旭常的东北之行并不算孤单。

下午4点，他们来到上海北站，准备乘火车离开这个熟悉的地方，赶往陌生的东北黑土地。在那个年代，这当真算得上是一次漫长的旅程，不只是

图3-1 1950年5月18日徐旭常父亲在上海北站送他上火车去抚顺求学

空间上的，同时也是时间上的；不只是身体上的，同时也是心灵上的。徐旭常当时在日记中记载道：

> ……（父亲）亲自将我送上了火车。
>
> 1950年5月18日（下午）6时55分火车终于开动了，我和上海离别了。我安静地坐在火车上，眼看着一站站的到来，又眼看一站站的过去，从上海到苏州、无锡、常州、南京，渡过了长江……终于出了江苏省，到合肥……又出安徽省进江苏省，经徐州进山东省，过济南……至河北达天津，在天津换车至沈阳。沿路所见居民穷困之极，大多是草棚泥墙。尤其是安徽省水灾严重，铁路两旁几乎汪洋一片。又见徐蚌会战之处破墙断垣，战痕历历在目。人民生活的痛苦情形，真是可想而知了。自天津出发，经过塘沽、北戴河、唐山……至山海关，休息2小时后，又复上车到达沈阳，因未赶上车，在沈阳耽搁9小时，直至下午7时才到达抚顺。
>
> 铁路运行极不正常，从上海到抚顺居然走了三天三夜，同学们十分疲惫，只能轮流躺在座位下或行李架上，好不容易才熬到目的地。

当徐旭常在火车上真实地看到战争与自然灾害带来的破坏场景，他对自己在1948年元旦时听到的故事的认知又深刻了几分。

待到抚顺火车站，沿途舟车劳顿带来的困乏，顿时被前来接站的师兄、师姐们的热情打消了。火车刚到站，即有抚顺矿专的高年级学生代他们搬运行李，一路从火车站送到学校宿舍。对抚顺这片黑土地的陌生感，因为心生感动而减轻了不少。

抚顺，以煤炭闻名。据出土古文物及煤渣考证，大约汉代时，在这里生活的人们即已开始利用本地的煤炭资源。《奉天通志》记载："自辽金以降，即有土人采取为薪，以供烧制陶器之用。"至明代，因为地处边塞，采掘行为被禁止。到清代，因其靠近皇陵，谬于有碍风水的传说，清代前期也并未进行公开的煤炭采掘。直到1896年，抚顺地区才正式恢复了煤炭开采活动。1901年，当地士绅王承尧、翁寿、颜之乐等人向奉天将军增祺申请开发抚顺地区的煤矿，分别成立了华兴公司和抚顺煤矿公司，因为二者均含有俄国人的股份，不久后皆被俄国人强行并购。1907年，奉天会战后，俄军败北，日本开始了对抚顺煤矿长达38年的掠夺式开采，并将其建成当时所谓的"东亚第一大煤矿"。

在日本占领抚顺煤矿之前，抚顺县与东北地区其他县城并无二致。到了1923年，为了给不断扩大的煤矿产业提供配套支撑，日本人开始着手建设抚顺新城区。新城的整个市街分为东西二区，东区为抚顺煤矿职工居住区，西区则为一般民众聚居区。其间，水道、电车、电气、煤气、暖房等基础设施，医院、学校等近代城市的配套系统相继建成，为新城区和周边矿区提供服务。同时，随着抚顺煤矿不断向周边地区扩张，以及矿区内各种附属机械化工业的建立，煤矿对劳工的需求量开始增加，于是，周边地区及关内的人口大量涌入这里，抚顺的近代化城区逐步发展起来。

在煤矿与城市发展的同时，日本还在抚顺开办了抚顺炭矿简易矿山学校、抚顺公学堂等专收中国人子女的学校，用来培养低级矿山技术人员。其中，抚顺炭矿简易矿山学校于1923年1月1日更名为抚顺矿山学校。

后来，抚顺的发展因为战争而中止。1945年8月，日本侵略战争失败已成定局，日军在撤退前对在东北建立的经济体系进行了有系统的破坏，煤炭工业作为其他工业的支柱，自然无法幸免于难。日军撤离后，苏联出兵我国东北地区，按照"中国东北各省曾供日本军用的所有日本企业，悉为苏军之战利品"的强盗逻辑，对东北的工业进行了接管，并组织力量有计划、有目的地拆运各类机器设备，以支持苏联本国的经济建设。有研究显示，当时"满洲各种设施有40%被迁走，40%被拆卸，只剩下20%无损伤"。当时，抚顺煤矿的电力设施被拆迁了四分之三，导致电力生产不足，抽水机不能大量使用，煤矿被水淹没，生产秩序完全被打乱了。1946年5月，苏军撤离东北，国共双方之间的战争再次成为东北经济的破坏性因素。随着战争的持续，国民党军事当局加强了对工矿企业的征工、征料行为，用以修筑城防。1947年下半年，抚顺煤矿因为屡次被征工、征料，正常的生产难以进行，导致生产计划目标远未实现。到了国共双方战争的末期，国民党为了挽回战争颓势，就更顾不得许多，一切以军事需要为目的，致使工矿企业遭到了更为严重的破坏。而且由于战乱频繁，工矿企业的管理比较涣散，导致偷盗器材的行为很是普遍。在国民党控制后期，这些企业基本停止生产，加之粮荒严重，一些无法维持生活的矿工、市民便将偷盗矿山、工厂器材换取粮食当作求生之路。这种偷盗行为，给抚顺的工矿企业造成了更为严重的损失，以至于在新中国刚刚成立后的一段时间内，当地很多企业仍处于瘫痪状态。

1948年11月，辽沈战役结束，东北地区全境解放。中共中央提出"让东北工作先走一步"的指导方针，以便东北地区在解放战争结束后即刻成为国家经济建设的后盾。中共东北局按产业性质，迅速建立起了专业的管理系统，抚顺矿务局是当时成立的4家工业企业之一，隶属东北人民政府工业部。1949年4月21日，东北行政委员会发布命令，决定重新划定东北行政区域，设立了6个省和7个直辖市，其中抚顺为7个直辖市之一。同年5月，中共东北局和财经委员会批准了以重工业为重点的东北国营工业生产与建设计划，这是中共领导下的解放区的第一个国民经济计划。

当徐旭常第一次到达抚顺时，整个东北正处于一种全面恢复重工业生产的火热氛围中。他所就读的抚顺矿专，是1949年为支持抚顺煤矿发展而设立的，学校就建设在日本入侵东北后所建的抚顺矿山学校旧址上。当时，整个学校只有两个系：一个采煤系，一个机械工程系。徐旭常被分到了机械工程系。

徐旭常是第一批到达抚顺矿专的宁沪学生之一，后来又来了4批。与此同时，抚顺矿专还招收了一批东北的高中毕业生。徐旭常在日记中描述道："与上海来的同学相比，东北学生的生活显得非常贫苦，普遍衣衫破旧，甚至有些人还长了虱子。不过，在抚顺一片热火朝天的建设局面中，大家的情绪都

图 3-2　1950 年徐旭常在抚顺矿专校门口留影

第三章　北上求学　　*35*

被感染了，从不同地区汇聚到这里的同学们生活在一起毫无嫌隙，相处得十分融洽。"

初到学校，抚顺矿专安排入学新生连续参观了抚顺当时已经恢复生产的主要工厂，包括北机电厂、西露天矿山、西制油厂等。走马观花地观看，给年轻的徐旭常留下的唯一印象是，这些工厂"规模的确很大"。

此后直到9月，这批学生的主要任务是进行政治学习，接受思想教育。学校陆陆续续安排了诸如"国际主义和民族主义""有关战争问题""中美、中苏问题""为什么和如何学习""与抚顺矿专新同学闲话三十年""在学习中的几个原则问题""阶级问题""人生观"以及一些关于哲学理论的报告会。每当有报告会，徐旭常与同学们每个人扛一个板凳，高唱着革命歌曲，列队进出会场，报告会后，校方还要组织学生进行讨论，并开展批评与自我批评。从始至终，政治气氛十分浓厚。

在学习革命知识的同时，学校还为新生安排了实习环节。首先进行的是木模实习，按照要求，第一件木模是用刨子刨一个直径50毫米、长260毫米的圆木棍，比较简单。第二件木模是做一个皮带轮的回形，难度系数上升了不少，指导老师怕讲不清楚，还搬来了实物，再用泥巴做了临时的模型供学生参考。这个木模做了整整一天，徐旭常完成得最快而且质量很好，得到了指导老师的夸奖。第三件木模做的是一个T形圆管，难度又有所增加，徐旭常完成得不太合乎标准，但是他坚持认为，与同学们的作品对比起来，也不算太差。

木模实习期间，还发生了一件比较有意思的事情。由于同学们工作进度不一，先完成木模的同学在一旁等其他同学时，徐旭常找了一块废料凿内圆玩，而其他人则多为自己做木拖鞋。他心里有些羡慕，但很快又打消了效仿的念头，并在日记里记录下了自己的心理活动："学校里木材虽多，也不能随便浪费材料，而且此门不能开，开后将一发不可收拾。相信过不了多久，领导一定会让大家自行检讨的。再说真需要木拖鞋到外面去买也花不了多少钱，与其这样倒不如去图书馆看书报。"

徐旭常从小到大直至去世始终觉得，占了公家的便宜，即便现在没有人追究，将来也是要算账的；即便没有外人追查，自己心里也过意不去。哪些事情该做，哪些事情不该做，他从小便有自己的准则，但求问心无愧。

木模实习结束，接着是锻工和钳工实习。上车床锻铁锤铸型、凿平铁等这些工种需要一定的力气，可能是高中时期的实习经历给徐旭常留下了心理阴影，在这些实习开始之前，他心里一直犯嘀咕，害怕自己身体弱坚持不下来。不过，最终的结果远好于预期，整个实习阶段，他始终保持了作品的优良率，在小组评定中位列第二名。

而且，这些实操性的工作让他很着迷，他说："在实习时总嫌时间不够，一刹那时间就过去了，追也追不回来了。紧张的工作真是一件愉快的事。"①

学校是新建的，很多设施还不完备，政治学习和实习之余，同学们还要参加挑土修整操场一类的义务劳动，有时学校也会组织他们去开垦荒地或者上山除草。

其余的时间，便可以自由支配了，因此空闲时间较多，学生们可以写信、看小说。初到这里，徐旭常还没有完全从上海中学紧张的学习状态中释放出来，又因为想到提前毕业时老师布置的机械设计作业还没有做，于是向学校申请利用空余时间把这项任务完成，却意外地没有得到允许，因此，他只能将时间转向了阅读，这个学校倒是不反对。在这段时间里，他先后读了《钢铁是怎样炼成的》《安娜·卡列尼娜》《钦差大人》《金银岛》《双城记》《暴风骤雨》等国内外优秀作品。

四次退学风波

初到抚顺，几乎没有什么科学知识方面的学习任务，日子过得相对轻松，但是对于徐旭常这批从南方地区来的学生而言，却并不自在。

---

① 徐旭常日记。

饮食方面，在生活条件艰苦时期，抚顺矿专食宿虽然不收费，但食宿品质却不能保证，学生们每天吃的是高粱米饭和油炸黄豆，很多宁沪学生难以下咽。徐旭常也不例外，他体质一贯很差，适应不了这种伙食，很快患了慢性肠炎，以致后来长期腹泻，导致了严重的营养不良，不断地生病，健康状况更差了。

日常生活方面，第一次离家出远门的毛头小伙子们也遇到了不少困难。洗衣服是入门，此外还要拿起针线练习缝补，这就有点勉为其难了。宿舍卫生条件不达标，不少同学被传染了虱子，瘙痒难耐，晚上在被窝里又被臭虫咬得无法入睡，凡此种种，让生活本身似乎成了一种负担。

因此，有不少上海来的同学借口不满学校的师资和教学设备，或者编造其他理由，偷偷离校回老家去了。

面对此情此景，徐旭常觉得目光不能短视。当初铁了心来这里读书，就已经做好了吃苦的准备，如果因为熬不住这点生活上的考验而退却，继续读书的愿望恐怕就落空了，也显得过于懦弱。其他人打退堂鼓由他们去，自己没有动摇的权利。在这第一次退学风波中，徐旭常丝毫没有受到影响。

然而，正式分班之后，第二次退学风波很快袭来。起因是不少上海中学的同学看不到在抚顺矿专继续读书的发展前途，所以向校方申请了退学。这一次，徐旭常没能置身事外，思想也有了波动，来这里读书是为了长知识、学本领，若是未来毫无希望，读来何用？不过，他转念又一想，抚顺矿专作为一所新成立的学校，未来有没有发展前途，不正是要靠他们这一批学生通过努力来争取的吗？想到这一层之后，即便心里有疑虑，但徐旭常并没有急着跟风。

针对学生对学校前途悲观的情绪，抚顺矿专校方传达了即将成立东北工业大学的消息，以此驳斥部分学生杞人忧天的怀疑。当时，校方肯定地表示，成立东北工业大学一事已经获得了中央领导的口头同意，东北人民政府工业部也完全支持，筹备工作正在开展，并已着手为学校添置大量的仪器设备。这并非校方安抚学生的权宜之计，而是确有其事。为了适应革命形势的发展变化，东北行政委员会于1949年7月召开会议，对东北地区的高等学校设置情况进行了讨论，讨论结果是认为有必要做进一步的整顿，并于同年8月1日做出了《关于整顿高等教育的决定》。该决定指出，"今天形势已起了根本变化，东北已成为一局部和平建设环境，今后的中心任务已由战争、土地改革变为全力进行经济建设与文化建设。必须采取精干与正规的方针，建立统一的正规教育制度，使之由训练班的形式，转变为正规高等学校，担负起培养具有革命思想与掌握现代专门科学技术知识的高级专门人才的任务"。为适应经济建设和社会发展对高等教育的需求，东北人民政府于1950年2月召开了东北第一次高等教育会议，研究有关高等教育建设的问题。为了使高等教育事业走上有计划、按比例发展的轨道，根据这次会议精神，东北人民政府教育部门对东北地区的高等学校进行了院系调整和专业调整。4月8日，东北人民政府工业部决定筹建东北工业大学，以沈阳工业学院为基础合并抚顺矿专、鞍山工业专门学校两所学校，拟设置物理、数学、地质、电机、机械、土木、化工、采矿、冶金等10个系。

学校合并之事一经扩散，抚顺矿专内闹着回沪的学生少了，尽快成立东北工业大学的期盼在学生们的言行中强烈地表现了出来。

此时，同学们已经在为正式开学做最后的准备，学校安排了3周的补习，每门课程每周上3个小时的课，因此每门课程共补习9个小时。徐旭常在得知补习计划后，担心这么一点时间恐怕学不到什么，因此盘算了一下自己在上海中学时的学习进度，然后制订了自己的小计划：利用这3周时间把力学和无穷级数重点学习一遍，解析几何略作复习。补习期间，有一位徐姓老师负责解析几何的教学，补课前听说这位老师很受高年级学生的欢迎，徐旭常因此听得格外认真，但最终难免有一些失望，因为这位徐老师的讲课水平"确实也还可以，但与上海中学唐秀颖老师相比，就差得远了"[①]。徐旭常也不气馁，跟着新老师再复习一遍总会有些好处，老师教得不到位的地方，就利用假期自学吧。

就在这个当口，第三次退学风波到来了。

---

① 徐旭常日记。

当年，中央教育部特别强调，为了有计划、有步骤地为新中国培养迫切需要的专门人才和建设干部，必须纠正过去高校招生的不合理状态，减少考生投考困难，要求各大行政区在适当地点推行全部或局部的高等学校联合或统一招生。但是，在新政权建立初期，中央教育部尚难以对全国各地高校形成全面、有效的集中统一领导，因此只得暂时将各地高校的管理权寄托于各大行政区，由各大行政区教育部根据当地的具体情形，自行掌握。在这一背景下，当时的华东地区在部分公立学校中沿用了1949年上海的统一招生办法[①]。1950年6月，华东教育部先是尝试将统一招生扩大到沪、宁、杭地区的公立学校，覆盖了上海、南京、杭州和镇江的11所公立专科及以上学校，7月初又加入了沪、宁、杭之外同属华东区的厦门大学和山东大学两校，一共是13所高校参加了1950年华东区的统一招生。与此同时，华东区还代为办理东北区高校在华东的招生任务，实际上就形成了华东和东北两区公立高校在华东地区统一招生的局面。

华东区、东北区联合各大高校统一招生考试结束后，考试试题很快经由上海的同学传到了抚顺矿专学生手中，徐旭常把数学试题全部演算了一遍，觉得难度适中。此后不久，统考结果公布，上海中学留校的很多同学被录取。已经在抚顺矿专学习的同学在为他们高兴的同时，也有不少人非常懊丧，眼睁睁地看着别人往名牌大学里去，自己却只能留在这里，一种"没有出息"的慨叹让好不容易平息了一些的不满情绪死灰复燃，于是又有人动起了退学的念头。

徐旭常这个时候倒是显得颇为平静，他认为懊丧情绪是完全没有必要的："既然已决定在此念书，就应该好好地安下心来，把四年的书读好，何必去想东想西呢？这又有什么好处呢？再说若是确实是为人民服务的话，还不是到处一样的为人民服务？何必在脑子里交大、清华地乱转呢？若是为了个人打算，在现在的社会里肯定是行不通的，所以不必多考虑，多考虑就会多犯错误的。"[②]

[①] 1949年5月人民解放军进驻上海，此后1个月之内，上海市政府高等教育处便完成了对公立学校的接管，随后决定在国立高校中推行全市统一招生制度。

[②] 徐旭常日记。

很快，徐旭常的判断得到了验证。1950年8月29日，抚顺矿专贴出了公告，内容有二。其一是告知同学们三校合并之事在8月23日已经获得了东北人民政府批准，不过学校名称不是东北工业大学，而是东北工学院，以原沈阳工学院为本部，原抚顺、鞍山两所专门学校为分院，由东北人民政府工业部和教育部双重领导[①]。其二是公布对违反校规、扰乱学习情绪者的处分决定，以整校纪，这次开除了1名学生，记大过两次者3人，记大过一次者2人。

图3-3 1950年徐旭常（第二排左六）与东北工学院抚顺分院同学合影

1950年8月底，学校正式开学，校长做了关于国际形势以及工学院成立经过的报告，同时报告了本学期的教学计划，介绍了学习模范及颁发

---

① 沈阳工学院前身为1923年4月创立的东北大学，1949年3月，在东北大学工学院和理学院（部分）的基础上成立沈阳工学院，1950年8月吸收合并抚顺矿专、鞍山工业专门学校后定名为东北工学院，1993年3月复名为东北大学。

第三章 北上求学

奖学金的条件。这让徐旭常心动，他希望自己能够成为校长口中的学习模范。在每位同学都领到各学科的新教材后，各班级成立了班委会，徐旭常被推选为数学课代表及学习委员，这让他很高兴，他认为这项工作为争当学习模范提供了一个良好的契机。他在日记中写道："从此要负起责任来，把学习搞好的同时更要与同学共同进步，帮助同学时要不怕麻烦，耐心细致，不怕浪费个人自习的时间，这样才能给将来做学习模范打下基础。"

因为班里的同学来自不同地区，学习进度与成绩参差不齐，学校当时兴起了"先进带动后进"的学习帮扶活动。徐旭常在当时属于学习比较好的，积极地参与到帮扶工作中。不过，他在日记中不止一次地写道，在这项活动中，他做得不够好，尤其比不上班里一名叫徐秀清的同学。"徐秀清帮助同学孜孜不倦值得佩服，尤其像我这样的人的确要好好地向他学习。今后无论如何不能再斤斤计较于自己学得太少，而应该想到大家学得更少对革命是大损失。我在学习方面就应该拿出辅导员的态度，务必要循循善诱，充分表现出为人民负责的态度，倘使再虎头蛇尾说而不做，就应该深刻检讨。"

徐秀清也是从上海考到抚顺矿专的学生之一，最初进入采煤系，后因视力问题被调整至机械工程系，才和徐旭常成了同班同学，当时，他也是班里的学习委员。两人既是同乡、同学，又是相互学习的对象。相信连他们自己也想不到，两个人的这种关系在未来还将延续到同事，乃至成为工作中相互扶持多年的好友。尤其是后来，徐旭常将全部精力都投入科研工作当中，徐秀清作为他所在教研组的主任，为他提供了诸多帮助，无论是工作上，还是生活上，徐旭常都非常信任徐秀清。当然，这是后话。

当时在抚顺，学生们对学校的师资和教学质量始终不太满意。与上海中学时期相比，功课安排得也不紧凑，导致很多同学在生活上很是散漫，空闲时间不是睡觉就是看小说，连晚自习也如此。徐旭常有心摆脱这种颓废的状态，完成课业任务后，会自己主动寻找知识加以补充学习。当时，东北工学院顺应国际形势与国家号召，外语学的是俄语，徐旭常觉得辛辛苦苦攻克的英语基础就此舍弃有点可惜，因此课余时间便找各种机会自学，他在日记中写道："自己把英文版的物理读了几节，很有味道，觉得比译本容易领会到细节，这并不是崇拜洋本，实在是翻译得不明不白，让人糊涂。而且有了一些英文根基的人，不愿意把学了好几年的英文白白丢掉，到了矿专改学俄文，今后学习英文的机会就没有了，就此丢掉很是可惜，想靠自修来继续巩固英文，很想请家里订一份中华英语半月刊，但就怕万一坚持不下去，不就白白浪费了嘛。"

升入大学，教学方面确实有所欠缺，但也有比上海中学时生活丰富的地方。开学不久，抚顺市政府相关部门动员该市全体人员在星期日参加了一次义务劳动，目标为捡 10 万立方米的石子，用来修建机场路基。平均每人承担了 0.8 立方米的任务，这种重体力劳动对于徐旭常来说，是一种全新的体验。

> 一早起来早饭后带着干粮窝窝头列队乘车去了老虎台，分配场地后就兴奋地急忙捡石子了。附近的捡完了，又向远处捡，遇到大石块就用大铁锤击碎，这样积极地干着忘了劳累，想起在上中时抬了几桶粪就以为很了不起，而现在整筐的石子抬着来回走，特别是组里两个鞍山同学尽挑重活干，感觉到北方人确实吃苦耐劳，等到休息时，大家用乌黑的脏手拿起窝头就吃，真是劳动人民化了。[①]

1950 年 10 月 1 日，迎来新中国成立之后的第一个国庆日，全国各地都举行了盛大的庆祝仪式，抚顺也不例外。当天，所有人都穿上新衣服，兴高采烈地参加国庆纪念大游行。晚上，抚顺组织了提灯会，花灯由大家自己设计制作。徐旭常与另外两个同学设计了一个寓意和平的白鸽灯。他对花灯制作并不十分满意，不过这盏灯在展示时却出乎他预料地获得了一致的好评。

此时，朝鲜战争已经爆发 3 个月有余。半个月前的 9 月 15 日，美军第 10 军于朝鲜半岛南部西海岸仁川登陆，朝鲜人民军腹背受敌，损失严

---

① 徐旭常日记。

重，转入战略后退。9月30日，时任中央人民政府政务院总理兼外交部部长的周恩来发表讲话，警告美国"中国人民绝不能容忍外国的侵略，也不能听任帝国主义者对自己的邻人肆行侵略而置之不理"。然而，美军总司令麦克阿瑟认定中国不敢出兵与美国对抗，所以美军不顾中国政府的警告，于10月1日越过北纬38°线，快速向北推进，企图迅速占领整个朝鲜，并公然声称"在历史上，鸭绿江并不是中朝两国截然划分的、不可逾越的障碍"。同时，美国飞机多次侵入中国领空，轰炸丹东地区，战火即将烧到鸭绿江边。

10月8日，朝鲜政府请求中国出兵援助，中国随后做出了"抗美援朝，保家卫国"的决策，迅速组建中国人民志愿军入朝参战，国际局势进一步紧张化。地处战争的后方基地，抚顺也不能平静。那段时期，抚顺市居民中大约有1/4为朝鲜侨民，战争爆发后在大批地疏散回国。抚顺全境加强了防空演习，经常试验警报，加紧挖筑防空壕，号召民众在窗户上贴纸条以防止玻璃被随时可能到来的轰炸声震碎。一天，大雪后不久，徐旭常从同学口中听到传言，说有一枚美军的细菌弹落在了离学校不远处，有人看到弹片周围不少苍蝇在飞舞，所有人的情绪都紧张了起来。种种情景，让徐旭常回想起了在上海时的"二·六"大轰炸。因为抚顺火车站就在学校旁边，徐旭常每天都可以看到大批的人民志愿军战士从这里奔赴前线，战争氛围十分浓厚。

第四次退学风波便因为这场战争而起。远在上海的父母在获知东北的紧张时局后，来信催促徐旭常回上海去，还邮寄来了回家的路费。

这一次，徐旭常心里没有丝毫犹豫。他认为，此时此景，坚决不能当逃兵，要和大部分同学一样留下来。同时，他觉得不仅有必要获得父母的理解，还要获得他们的支持，因此决定对家里人进行思想再教育："（我）有责任说服父母正确看待当前形势，因为对父母的爱和报答不一定要建立在金钱的基础上，应该更多地表现在思想上，给他们介绍东北的实际情况。"①

---

① 徐旭常日记。

从抚顺到长春再到沈阳

徐旭常坚持留了下来,在紧张气氛中继续学业。1950年12月,学校举行了第一个学期的期末考试,徐旭常成绩很好,排名全班第一,但是他却高兴不起来。

第一,是对自己的学习情况,他并不满意:"因为平时并不太用功,没有好好地掌握时间使学习受到损失。此外,不能满足于课本上的一点知识,这是解决不了什么问题的,事实上也并不可能把课本上的知识完全吃透,今后一定要学深学透,重视课外读物,再说体育成绩也没有,还要补考。"[①]

第二,还有一件事情让他心里很矛盾。期末考试结束后,学校组织了一场"朝鲜战争的形势和前途"报告会,主讲人是一位从朝鲜战场上撤回来的王姓局长,他围绕着"朝鲜战争必然获得最后胜利"这一主题展开论述,详细地分析了当时的各种错误思想,徐旭常认为报告内容很精彩。报告会临近结束时,王局长号召大家踊跃报名参加军事干部学校的招生,这在同学中引起了热烈的讨论。

人民志愿军入朝后,中共抚顺市委、市政府领导全市人民展开了一场旷日持久的战争支援运动。其一是后勤保障服务,抚顺市委、市政府专门成立了战勤处,为前线筹调急需的生活用品;其二是为战争筹集资金,包括组织企业开展增产节约运动,以各种形式动员社会各界捐款等活动;其三是动员参军参干。

高校学生力所能及的贡献便是参军参干。徐旭常觉得时光仿佛又回到了1949年在上海中学时的情景,那时校方正在组织同学们积极报名参加南下随军服务团。这个时候,他认为自己应该报名,但一想到自己柔弱的体格、可能的牺牲和家里的来信,又动摇了决心,进而陷入了激烈

---

① 徐旭常日记。

的思想斗争。

家庭不是最大的绊脚石，毕竟革命比家庭重要。可能会牺牲，如果光荣地牺牲了的话，也可以说是尽了自己的力量，死也瞑目，否则一个人无声无息地活着和死去有什么区别，何况参军也不一定会死的。林校长、王局长不都是活生生地从战斗里成长的吗？（但是）现在在快活地学习着，希望能不断地和永久地学习着，直到贡献了一切。

另外，目前要去参军的困难是体格太差，连通讯员都没资格当，何况去当空军、海军、坦克手呢？照此体质报了名也轮不到自己，投机地报名是绝对不行的，不能违背自己的良心和人格。一旦形势的确需要，像自己这种体弱的人那当然毫无疑问，毫不犹豫地拿起枪杆，但事实上现在还不需要，而且国家需要有人继续学习科学技术。那么相信自己能担当得起这个任务，而且是一定能比参军做得更好，那何必一定要立即参军呢？当然要么就不报名，如果报名，就要主观上希望能被录取。而且自己可以为了表现爱祖国、爱人民的精神，不甘落后也要在学习战线上获得胜利，并且立定志愿放弃个人利益，更好地为人民服务，那不是比参军能更好地完成任务吗？[1]

认识虽是如此，但是在周围热情高涨的气氛中，东北工学院90%的学生都报了名，徐旭常最终也报了，4个志愿分别是防空、空军、海军、炮兵。这次报名军事干部学校，他依然没有提前告诉家里，一方面，他对自己被录取的前景并不乐观，当时估计防空还可能有点希望，如果最终没有被录取，提前告知家里会让父母白白担心一场；另一方面，这也是他一贯的"做事风格"，如果被批准参加，再写信说服父母也不迟。

最终，整个东北工学院一年级学生共有40人被批准，徐旭常所在班级有31人报名，3人获得了批准，他并不在其列。

没有能够参军，但抚顺也待不住了。早在1950年10月中国军队赴朝

---

[1] 徐旭常日记。

作战时，为了保证教学安全，东北人民政府便已经做出指示，将现今辽宁省地区的部分院校疏散到现今吉林省和黑龙江省办学，东北工学院的抚顺、鞍山两个分院迁至长春组成东北工学院长春分院。12月，学生们接到了利用寒假时间全校迁往长春的通知。

这时，徐旭常对自己的第一个大学寒假该如何度过，心里是有犹豫的。已经半年多没有回家，要不要回上海看一下？

> 回上海过年还是参加迁校至长春，前者往返一次会花掉不少旅费，回去后也只能在家里与兄弟几个玩儿骰子、打扑克、睡大觉，索然无味，留下来和同学一起迁校、过春节会更有意义，的确集体大家庭是很温暖的。①

1951年1月27日，学校教职工与寒假留校的学生已经收拾好行装，来到了抚顺火车站，准备向长春进发。下午2点，火车开出了抚顺。从此以后，这座城市对于徐旭常而言，只能存在于记忆中了。当时，他对此的总结只有一句话："离别了这个充满石油味儿、煤炭灰的工业都市。"②

火车开到沈阳，所有人换乘另一班火车，直到第二天凌晨1:30左右才到达长春火车站。因为腹泻，徐旭常一路上没有进食，精神有些萎靡。所以当他第一次来到长春市，并不比他1950年5月坐了三天三夜火车到抚顺时轻松许多，加之天寒地冻，甚至更添了几分狼狈。与去年相同的情景是，来接站的同学依然热情，帮他们妥当安排了住宿。等到一切安排停当，已是凌晨4点多了。

长春，亦是1949年4月21日东北行政委员会划定的东北地区7个直辖市之一。东北工学院长春分院位于长春市洪熙街，这是一条在解放战争中被炸成废墟的街道，徐旭常和同学们到达那里时，仍旧可以看到满目疮痍的景象。不过，沧桑巨变正在发生。1950年4月，中央重工业部成立了汽车工业筹备组，12月，随着苏联专家陆续到位，筹备组工作进入实质性

---

① 徐旭常日记。
② 同上。

阶段，当时首先要解决的问题就是，在哪里选址造厂。1951年3月，当时的中央政务院财经委员会批准第一汽车制造厂在长春兴建，从此，长春汽车城便与新中国的汽车工业捆绑在了一起。

徐旭常对于长春的第一印象是，冷。"长春的天气比起抚顺来确实冷多了。每次去食堂吃饭要走较长的一段路，刮风时会灌入满口沙土，脸像被刀割一样疼痛。下雪时在一尺多厚的雪地上，走路要特别小心，否则摔跤是难免的。身上的棉袄抵御不了严寒，估计衣服内的温度已降到零度了。寒冬腊月，半夜起夜必须到屎尿结成冰山的露天厕所去解决。十多人住一间宿舍，生一个火炉，盖着大棉被，还是冻得瑟瑟发抖。"①

不过，生活环境中的磨难，对于当时的徐旭常来说，已经不是不可承受之重。尤其是在这样的寒冷天气里，东北工学院的学生时常要去火车站欢送伤病痊愈的人民志愿军战士重返朝鲜战场，当看到战士们脸上坚毅的表情，想到他们在前线冰天雪地里坚持战斗的身影，徐旭常就会因为怕冷问题惭愧得无地自容。每当此时，他都要一再叮嘱自己，唯有发奋读书，将来回报祖国的栽培、战士们的守护。

> 此时此地，只能立志在将来对国家和人民做出一些成绩和发明，才对得起为保卫我们流血牺牲的战士。②

许多同学秉持着相同的志向，因此在艰苦的环境下，同学们的学习热情仍旧十分高涨。而且，来到长春后，教学质量也有所提高。除了学校原有的几位老教授外，东北工学院陆续从全国各地聘请专家、教授前来任教或者兼课，北京大学王湘浩教授、清华大学王竹溪教授等都在受邀之列，此外还聘来了一些青年教师以补充师资方面的不足。这些教师讲课很认真，博得了同学们的一致好评，教学效果改善了很多。

除了上课，更多的时间是接受思想教育、参与社会政治斗争。1950年3月，中共东北局批准成立东北工学院党组，同年11月成立了中共东北

---

① 徐旭常日记。

② 同上。

工学院委员会，学校党组织非常重视教师与学生的思想教育工作，广泛地开展批评与自我批评，组织参加镇压反革命运动、全市公审大会、控诉大会、"三反五反"等政治运动。

在长春时，徐旭常班里来自上海中学的学生大约占五分之一，由于他们基础知识扎实，学习起来倍感轻松，因此课余活动也非常丰富。徐旭常在这里学会了跳交谊舞、游泳、溜冰、绘水彩画，还有时间排演自编自导的话剧。说到编话剧，他不仅做得认真，还做出了心得："一定要结合当前情况能在同学的思想和学习中起到一定的作用和影响，可这真不是件简单的事。创作过程中出现了许多以前考虑不到的困难，尤其是思想原则和分析能力，占非常重要的地位。还要有高度的想象和体验能力，以及一定的艺术水准，感到在这些方面的修养太差。"①

徐旭常与同学们在长春待了一年半，1952年夏天大学二年级第二学期结束时，因为全国高等院系调整，东北工学院长春分院再次搬迁，这次是迁至位于当时沈阳铁西区的东北工学院本部，合并为统一的东北工学院。

这次院系调整，始于1949年12月23日中央教育部召开的第一次全国教育工作会议，这次会议提出，教育必须为国家建设服务，学校必须向工农开门，决定要贯彻毛泽东同志提出的"借助苏联教育建设的先进经验"改造中国高等教育。1950年年初，中央教育部聘请苏联人阿尔辛杰夫为教育部总顾问，负责制定中国高等教育改革的总规划，他提出"高等教育改革的目的即是要把'抽象、广博'的学府逐步改变成'具体、专业'的学府"。阿尔辛杰夫认为，中国要集中国家所有的资源，建立技术性的、专门的学院，有计划、有针对性地培养国家经济建设所需要的人才。经过1950年的讨论、酝酿和1951年的试点之后，1952年5月，中央教育部制定并印发《全国高等院校调整计划（草案）》，规定"培养工业建设人才和学校师资为重点，发展专门学院，整顿和加强综合大学"为调整方针，首先从北京、天津开始，陆续在全国各大行政区对高等学校进行了大规模的院系调整，完全按照苏联高等教育的结构模式进行。第一，将中国原有的综合性大学调整为苏

---

① 徐旭常日记。

联式的文理综合大学，并从中分离新建工业、师范、农、林、医、财经、政法、艺术、体育等专门院校；第二，按照苏联模式建设多科性工学院或工业大学，如哈尔滨工业大学、南京工学院、重庆大学等；第三，大力发展单科性的专门学院，后来尤以北京"海淀八大学院"名震一时，即北京航空学院（今北京航空航天大学）、北京地质学院（今中国地质大学）、北京矿业学院（今中国矿业大学）、北京林学院（今北京林业大学）、北京钢铁学院（今北京科技大学）、北京石油学院（今中国石油大学）、北京医学院（今北京大学医学部）、北京农业机械化学院（今中国农业大学）。

截至1952年年底，全国有四分之三的高校进行了合并、撤建、改制、新建等不同措施的大调整。在1952年实行院系调整前，全国原有210所高等学校，调整后，有综合大学及普通大学21所、工业院校43所、高等师范院校33所、农林院校28所、医药卫生院校32所、财经院校13所、政法学院3所，连同其他艺术、语文、体育和少数民族高等学校，总共有201所。

其中，东北工学院属于43所工业院校之一。根据中央教育部以及东北人民政府关于东北地区高等工业学校进行院系调整的方案，东北工学院决定集中力量办好采矿、冶金、建筑、机械和电机5系及相关专业。大连工学院的电机系，哈尔滨工业大学的采矿系、冶金系及4名苏联专家，山东大学的采矿系均并入东北工学院。同时，东北工学院的化工系，土木系的水利、路工两组，机械系的汽车组调整到大连工学院；地质系、数学系、物理系调整至长春地质学院、东北人民大学、东北师范大学；土木系结构组并入建筑系，撤销数学、物理、地质、土木、化工5系。1952年10—12月，学院又在苏联专家的直接帮助下，对教学计划进行了修改，教学目标进一步明确为培养工程师。

于是，徐旭常与同学们又一次随学校搬迁，来到了沈阳。

沈阳同抚顺、长春一样，是1949年4月21日东北行政委员会划定的东北地区的7个直辖市之一。这座城市在当时是东北工业的中心城市之一，1949年年初，东北人民政府工业部从哈尔滨搬到沈阳，在1950年苏联援建中国的156项重点工程中，第一批50项置于东北地区的有38项，其中有沈阳第一机床厂、沈阳风动工具厂、沈阳飞机修理厂、沈阳航空发动机修理厂4项位于沈阳。当徐旭常和同学们到达沈阳时，东北工业已经由恢复生产为主的阶段进入了以基本建设为主的阶段，各项工业建设呈现出一片欣欣向荣的局面。

在沈阳，徐旭常所在的东北工学院长春分院机械工程系，共约150名学生，被分为蒸汽动力和矿山机械两个专业，他进入了蒸汽动力专业。接下来，他要在这里学习一年的时间，直到1953年第三学年结束时接到提前毕业的通知为止。

图3-4 1953年徐旭常（前排左四）和同学在沈阳铁西区东北工学院教学楼前

早在1952年1月，中央教育部便做出了指示：工学院的采矿、冶金、地质、数学、物理、化工等专业应该让于1953年、1954年暑假毕业的学生提前毕业，以适应国家工业建设对技术干部的急迫需求。东北工学院积极响应这一号召，让冶金系各组和采矿系的选矿组原1953、1954两届毕业生均提前一年或者半年毕业。徐旭常在提前毕业的专业序列中，所以在自己的第三个大学暑假来临之前，匆匆结束了自己的大学生活。

徐旭常的大学时光历时3年，从抚顺到长春，再到沈阳，足以用"曲折动荡"一词来形容。由于特殊的历史背景，大学3年，徐旭常这一批大学生其实并没有获得应有的高质量教育。不过，3年辗转三地，对于徐旭常明晰人生志向、磨炼意志品行，都是助益良多的。大学毕业时的徐旭常，已经能够将"为国家做点事"的人生志向进一步具象化，那就是拼尽全力去掌握科学文化知识，未来积极参与到祖国的科研事业当中去，并且希望自己能够做出一点成绩。

第四章 研究生班

意外成为清华研究生

1953年的夏天，因为提前一年毕业，大部分同学被分配参加了工作，徐旭常则因为学习成绩比较好，被学校选中，成为师资培养对象，因此继续留在了东北工学院，转入暖气通风专业研究生班学习。班上还有5名学生在此之列，徐秀清也是其中之一。

当时的东北工学院，刚刚于1953年3月进行了新一轮的系及专业调整，新增设6个专业，其中在建筑系增设了暖气通风专业。这是全国最早开设的一批暖通专业之一，东北工学院也因此与哈尔滨工业大学、清华大学、同济大学、天津大学、太原工学院、重庆建筑工程学院、湖南大学并称为"暖通老八校"。徐旭常与5名同学转入这个专业后，很快便接到了学校指示，要求他们突击学习俄语，准备跟随不久后来校任教的苏联专家学习。

由于中苏两国在20世纪50年代至60年代初合作范围的扩大，中国各类教育机构不仅研究学习苏联的教育理论和经验，还广泛地邀请苏联专家援助指导。1949—1959年，在中国教育机构工作过的苏联教师有760多名，在他们的参与下，各院校建起了337个教研室和560个实验室。同时，他们培养出了4000多名研究生和7000多名教育工作者。与全国大多数高校类似，东北工学院也积极参与了这一进程，聘请苏联专家为院长顾问，有苏联专家的系成立了苏联专家顾问小组，在他们的指导下进行教学改革。研究生培养是重点工作之一，1952—1960年，东北工学院先后聘请了22位苏联专家前来讲学，主要从事的工作是培养研究生和进修教师，促进采煤、采矿、炼铁、重金属冶炼、工业与民用建筑、矿山机械等专业的建设。苏联专家在这里开设并讲授了36门新课，帮助建起了20个实验室，共培养研究生120余名。

如果不出意外，徐旭常等6人也应该是这120多名研究生中的一分子，进而成为我国自己培养的最早的一批暖通专家。然而，在他们突击学习了3个月俄语之后，又接到学校通知，说苏联专家因故取消了到东北工学院授课的安排，学校对他们进行了重新分配。徐旭常和另外2个同学邵锡奎、朱德懋一起，被分配到清华大学动力机械系热力发电设备专业继续攻读研究生，徐秀清和另外一个同学罗棣庵也被分配到了清华大学动力机械系，不过不再是学生，而成了助教。

于是他们像赶场子一样，再次打点行装，朝着首都北京进发。说来奇怪，从上大学开始这么多次搬家，徐旭常在到达目的地时总是晚上。从沈阳开来的火车，到达北京站时，已经是晚上10点多。清华大学派了一辆敞篷卡车将他们接回了学校，当卡车从学校西门缓缓开进清华大学校园，徐旭常瞬间被这所知名学府征服了。

> 校内十分幽静，在夜色中看到四周树木郁郁葱葱，路旁点缀着花草，还有小河，置身于这风景幽雅的著名的高等学府之中，顿将路途的劳顿一扫而光。[①]

---

① 徐旭常日记。

清华大学在当时已是国内的一流高校，其前身——清华学堂创建于清宣统三年（1911）年，最初的酝酿则要追溯到清光绪三十年（1904年）。当年，因为美国国务卿约翰·海（John Hay）说了一句"美国所收庚子赔款原属过多"的话，中国驻美公使便积极向美国当局劝请核减，同时上书清廷请以此款设学育才，并最终成行，决定成立一所留美预备学校。1909年，美国退还赔款的第一年，在清廷外务部与美国驻华公使商定学生留美细则后，会同学部奏请设立留美学务处以及与之配套的肄业馆。7月，留美学务处奉准设立，最初租赁北京东城侯位胡同的一所民房作为办公场所，后迁入史家胡同，3个月后奏准将北京西直门外清华园作为兴建肄业馆馆舍之用，清华之名由这里开始。1911年，肄业馆改称清华学堂，于4月29日正式开学。1912年清帝宣统退位，中华民国建立，裁撤了留美学务处，清华学堂改名为清华学校，为派遣留学做准备的时代结束，学校转向培养本国人才。1925年春，学校始创四年制本科教育，当时分文、理、法三院。1928年，南京国民政府取代北洋政府掌控北京后，学校更名为国立清华大学。1937年抗日战争全面爆发，学校南迁长沙，与北京大学、南开大学组建国立长沙临时大学，1938年又迁至昆明改名国立西南联合大学。抗战胜利后，三校复员工作开始筹备，1946年5月4日，西南联合大学正式退出历史舞台，三校分别迁回原址复员，清华园的修葺整理颇费了一番周章，在当年10月10日才正式恢复上课。1949年1月10日，北平市军管会接管清华大学。三年后，全国院系调整期间，该校的定位被调整为多科性工业大学，中心任务是为国家重工业服务。

1952年9月，院系调整清华大学筹委会确定了全校的系科设置，共设8个系、22个专业、15个专修科，其中，动力机械系设热力发电设备、汽车2个专业，热力发电厂检修、暖气通风2个专修科。随后在1953年5月31日，校长向中央提出申请："清华大学从今年起即停止招收专科学生"，两个月后得到了高等教育部的批准。1953年秋天新学年开始时，清华大学又增设了4个专业，其中，动力机械系增设拖拉机专业。所以，当徐旭常到达清华大学动力机械系时，这个系还在继续招生的专业一共有3个，即他所在热力发电设备专业和汽车专业、拖拉机专业。

在那个年代，研究生的意义与现在不同，1953年10月6日，清华大学进一步明确了研究生培养方针，目标是为全国各高等工业学校培养师资，学习期限为3年。而且为了保证教学质量，清华大学对于研究生名额是有限制的，在当年5月19日举行的清华大学校务行政会议上，决定保送一部分学生报考研究生，但同时规定本校设的研究生名额不能太多，以免增加专家及教师过多负担。新学年开学后，1953年10月22日，清华大学校务行政会决议又在学校规程中列入："本校所收学生均须经过入学考试，学期中途不收插班生。"

因此，当徐旭常与东北工学院的同学进入清华大学时，学校决定对他们几个人进行一次入学考试，以检验他们是否具备了在这里读研究生的条件。考试结果显示，几个人成绩都还不错，并不比清华大学本校选拔出来的学生差，学校最终决定全部接收，徐旭常这才算正式开始了在清华大学的读书求学生活。

到了新学校，徐旭常开始感受到莫大的压力。清华大学的研究生班都是由名教授讲课，当时，热力发电设备教研组有庄前鼎、董树屏、方崇智、冯俊凯、林灏、敦瑞堂、鲁钟琪、师克宽、李志忠等一批前辈大师，课程设置更加广博、深入，这让他深切地感受到自己大学阶段学到的知识是多么贫乏。幸好，他在高中与大学时期都在有意无意地持续加强自学能力，所以遇到学习方面的困难时并不畏惧，反而因为有了名师指导，他进步很快，在研究生一年级的刻苦学习中，知识方面收获极大。

有意思的是，虽然在入学时被担心基础不扎实，但在清华大学的第一年，徐旭常等几个东北工学院来的学生就尝试了一把当教师的瘾。当时，向苏联学习办学模式的方针既已制定，各高校都在大力普及俄语教育，以便让尽可能多的人尽快掌握俄语。清华大学早在1952年8月院系调整期间就开始在全校师生中组织速成俄语阅读学习班。到了1953年新学年，俄语速成计划依然在实施过程中，徐旭常几个人因为曾在东北工学院突击学习了3个月的俄语，被安排当起了清华师生的俄语辅导老师。

又到东北

在清华大学，优良的学习环境与师资条件，让徐旭常觉得非常满足，一切都在逐渐地步入正轨。他怎么也不会想到，自己在这里充实而惬意的学习生活仅仅持续了一年便再生变故。

事情的起因是，1954年10月，清华大学与哈尔滨工业大学签订了互助合作协议书。按照这份协议，两校将在苏联专家共享、教学资料交流、系及教研组之间的联系交流、科研等各个方面开展互助合作。

在当时中国的各所高等院校中，有两所接受的苏联专家援助最多，是向苏联学习的样板和示范，即侧重文科教育的中国人民大学和以理工科见长的哈尔滨工业大学。中央人民政府政务院在1949年12月16日通过了《关于成立中国人民大学的决定》，由刘少奇同志负责筹建工作，学校的定位是"接受苏联先进的建设经验，并聘请苏联教授，有计划、有步骤地培养新中国的各种建设干部"。办学设想为全面学习苏联，建设社会主义新型大学，因此中国人民大学受到了格外的重视。与之类似，哈尔滨工业大学能成为一所重点受援的高等院校，也取决于中央领导层的直接授意和部署。1951年4月19日，高等教育部将《关于哈尔滨工业大学改进计划的报告》上报中央，中央政治局毛泽东、朱德、陈云、李富春等同志先后传阅了这份报告，并由刘少奇做出批示，"办好这样一个大学，很有必要"，应"仿效苏联工业大学的办法，培养重工业部门的工程师和国内大学的理工科师资"。按照当时的设想，哈尔滨工业大学的存在价值是部分代替派遣大批学生去苏联留学的任务。

两所样板高校的调整建设，是中国开始在高等教育领域全面学习苏联的一个标志。1952年10月，根据中央对东北各院校专业进行调整的指示，哈尔滨工业大学接受高等教育部和第一机械工业部的双重领导，由第一机械工业部具体分管。1954年，高等教育部在《关于重点高等学校和专家工作范围的决议》中指定了中国首批全国性重点大学，一共有6所，分别为中国人民大学、北京大学、清华大学、北京农业大学、北京医学院、哈尔滨工业大学，可见当时对这两所苏联重点援助高校的重视程度。

待到1954年清华大学与哈尔滨工业大学签订互助合作协议，清华动力机械系培养锅炉专业青年教师的事情终于有了眉目。据现在的清华大学航天航空学院工程力学系热物理研究所教授周力行回忆，他在1953年9月清华大学毕业后留在了动力机械系，被任命为热力发电设备教研组科学秘书，实际上相当于教研组副主任，主管教学和科研工作，协助教研组主任贯彻学习苏联教育制度。那时，清华动力机械系已经开设了《锅炉设备》课程，由冯俊凯教授主讲，周力行为助教，此外还聘请了苏联专家米哈辽夫，他的专业是热电厂整体装置设计。但是苏联来的锅炉设备专家华西里·米哈伊洛维奇·马克西莫夫被哈尔滨工业大学聘任了，所以经过动力机械系和热力发电设备教研组行政班子的讨论研究，决定派遣在东北上过学的徐旭常到哈尔滨工业大学动力机械系锅炉研究生班进修，毕业后回来担任清华大学动力机械系热力发电设备教研组的教师。

接到调令后，徐旭常不做迟疑，于1954年10月初哈尔滨开始下雪的时候，再次踏上了东北的黑土地，而且这一次比之前的抚顺、长春、沈阳更靠北。

图4-1 1954年的徐旭常

在国内"留苏"

哈尔滨原为散落在松花江右岸的几个自然村落，1898年中东铁路在这里开筑，使它获得了急剧兴起的良机。19世纪末20世纪初，俄国资本的输入，催生了这座城市，让这里逐步变成了沙俄倾销商品和掠夺原料的市场。这一时期，俄、英、日、捷克等多个国家在哈尔滨设立了总领事馆，德、法、意等国家也在此设立了领事馆，让它在很短的时间内发展成为一座国际知名的城市。1931 年"九一八"事变后不久，伪满洲国成立，随后在 1934 年将其"管辖区域"划分为 14 个省和 2 个特别市，哈尔滨为 2 个特别市之一。抗战胜利以后，日军退出东北，国民政府行政院于 1945 年 8 月重新将东北地区划分为 9 个省和 2 个特别市，哈尔滨依旧是 2 个特别市之一。1946 年 4 月 28 日，哈尔滨正式建立人民政权，成为全国解放最早的大城市。新中国成立后，地处东北的哈尔滨是国家重点建设的工业基地之一，在苏联援建的 156 项重点工程中，有 13 项落户在这座城市。

当徐旭常最初踏足这片土地时，工厂正在四处拔地而起，整个哈尔滨处于一种日新月异的蓬勃发展状态。它本也是 1949 年 4 月东北行政委员会划定的 7 个直辖市之一。徐旭常到达那里不久，1954 年 10 月 21 日，东北人民政府扩大会议通过了对东北地区的新省区划分，东北大区被撤销，改划为省，直辖市皆改为省辖市，哈尔滨旋即成为黑龙江省的省会。

哈尔滨工业大学创建于这座城市腾飞初期的 1920 年，当时校名为哈尔滨中俄工业学校，该校在 1928 年以前一直使用俄语授课。到了 1928 年，学校正式定名为哈尔滨工业大学，进入了中苏共管时期。后来，随着日本逐渐控制了东北地区，学校于 1935 年被日本人接管，改用日语授课，校名也一再变更，到 1938 年 1 月 1 日才重新改称为哈尔滨工业大学，并一直沿用至今。1945 年抗战胜利后，学校再次改由中苏两国共同管理，接受中长铁路局的领导，此时的办学目标是为中长铁路培养工程技术人员，用俄语授课。1950 年 6 月 7 日，中共中央电报指示东北局，哈尔滨工业大学将由中长铁路局移交到中国政府手中。当时，学校设有土木建筑、电气机械、工程经济、采矿、化工和东方经济等系和预科，但校内无论是学生还是教职工，都以苏侨为主，本科学生有 641 人，其中苏侨 510 人；教师有 146 人，其中苏侨 120 人。在管理权移交过程中，苏联方面表示，如果中国政府有意愿聘请苏联专家来哈尔滨工业大学工作，苏联方面是会同意的。借此缘由，中共中央最终决定将哈尔滨工业大学改造成一所学习苏联的五年制理工类大学，为全国理工类大学培养师资。在 1950 年 6 月 7 日中共中央发给东北局的电报中，便已经明确"为了增加该校的领导核心，已决定该校聘请苏联教授十人"。1951年4月,针对哈尔滨工业大学的改进计划发布之后,更是进一步加快了该校引进苏联专家的步伐。1951年4月—1957年年末,哈尔滨工业大学基本上每两年就会聘请一批苏联专家来校指导,大部分专家工作年限为两年,也有少数专家在充分征求其个人意见后被校方连续聘任,进而在该校任教多年。

1954年4月20日,高等教育部与第一机械工业部共同发布《关于哈尔滨工业大学工作的决定》,再次强调,学校的办学方针是"学习苏联高等工业学校先进经验,培养水平较高的工程师和高等工业学校的师资;要适应国民经济发展的需要,在第一个五年计划期内,扩大学校规模,增设新专业,增加招生人数"。

在这样的大背景之下,徐旭常来到哈尔滨工业大学,进入了锅炉专业研究生班,这是中国高校中的第一个锅炉专业。1954年秋季新学年开始时,哈尔滨工业大学迎来了一批新的苏联专家,其中一位是来自莫斯科动力学院的马克西莫夫。在他的指导与帮助下,哈尔滨工业大学得以在全国率先创办锅炉专业,马克西莫夫也成了徐旭常在哈尔滨求学期间的指导老师。

来到哈尔滨,一切安顿停当之后,便进入正常的学习状态。当时,马克西莫夫一共带两个班,徐旭常所在的班里有14个人,包括12个研究生和两个其他高校前来进修的教师;另外一个班有13个人,是从哈尔滨工业大学本科四年级中抽调出来的品学兼优的在校生,两个班共27个学生在一起上课。

第一节课就给了徐旭常一个大大的意外。课堂上,苏联专家完全用俄语授课,徐旭常虽曾短暂地学习过俄语,还在清华大学做了一次俄语小教师,但是直接用俄语跟苏联专家交流还是有困难的,更何况讲课时会涉及大量的专业词汇,一时间,徐旭常完全反应不过来。而且不光是上课听讲,后期的答疑和考试,也全部使用俄语,这让他在起初感到有些手足无措。

别说是徐旭常,据他们班当时的班长、现在的中国工程院院士、哈尔滨工业大学教授秦裕琨回忆,就连专门为了跟随苏联专家学习而进行过一年预科班俄语培训的学生,最初也跟不上专家们的讲课节奏。

图 4-2　1955 年徐旭常（第一排左十）与哈尔滨工业大学研究生班同学合影

原来，按照哈尔滨工业大学的教学计划，为了让学生适应这种在国内"留苏"的学习模式，教学任务的第一步是学习俄语，从字母开始，用一年时间，让学生达到基本可以听说读写的水平，并适量掌握专业词汇，以便后期较好地掌握苏联专家的授课内容。于是，无论是本科生还是研究生，到哈尔滨工业大学的第一年都是去预科班学习俄语。当时，研究生班的俄语教材共有5册，教师多数是经验丰富的当地苏侨，全部用俄语授课。学校对学生的俄语学习要求非常严格，课下自己预习，课上老师提问，每个人都会被点名回答问题。为了进一步强化他们的听说能力，教学课程结束之后，学校还会专门安排一批苏联青年男女和预科班的学生们一起聊天、唱歌，让他们在娱乐氛围中锻炼自己的俄语水平。所以等到秦裕琨与其他预科班学生进入马克西莫夫的课堂时，最起码的俄语听说读写能力是具备的。

第四章　研究生班

这些待遇，徐旭常作为一个插班生，一样也没有享受到，俄语的起点比身边的同学低了许多。上课时听得云里雾里，只好先以笔记形式把专家的讲述和板书内容记下来，一下子理解不了的就用汉语拼音代替老师的俄语发音，回头再去查词典。幸运的是，当时同学们的学习热情都很高涨，学习认真而积极，下课后第一件事就是全班 14 个同学坐在一起对笔记，一起整理出一份比较完整的笔记，徐旭常因此得到了不少的帮助。

论起学俄语，当时的哈尔滨工业大学具备纯天然的良好环境。国家刚刚接管这所学校不久，学校里的清洁工、图书馆管理员、实验室实验员、医务所人员甚至门卫中，很多都是苏侨，学生想练习俄语口语，是非常方便的。而且那时在哈尔滨生活的苏侨非常多，道里区和南岗区是苏侨聚集区，苏侨们开了很多商店、餐厅、咖啡馆，其中最著名的是秋林公司，里面香肠、大列巴面包、啤酒、黄油等摆满了货架。从哈尔滨工业大学到秋林公司，可以乘坐有轨电车，车上友善的苏侨很愿意跟中国人用俄语攀谈。平时如果有时间，还可以去哈尔滨苏侨俱乐部看俄语原版电影。白天学，晚上练，徐旭常的俄语进步很快，经过了大半年的努力，终于慢慢适应了完全使用俄语进行学习的状态。

图 4-3　1990 年 8 月徐旭常（左）访问苏联时与曾经的研究生导师马克西莫夫合影

第一次接触锅炉

总体上来说，那些年来哈尔滨工业大学参加援助的苏联专家在治学态度方面是非常值得肯定的，他们在业务上精益求精，教学上无私奉献，得到了学生们的拥护与爱戴。

锅炉专业的马克西莫夫刚到哈尔滨工业大学时，为了帮助学校尽快建立起锅炉专业实验室，曾经连续好几天趴在地板上，画实验台各种构件的外形样式、内部结构示意图。直到后来学生做课程设计、毕业设计时，他才知道原来学校有专门的绘图室，里面绘图桌、丁字尺、绘图纸等一应俱全。马克西莫夫对待学生非常友善，毫无保留地将自己的所学传授给了徐旭常这一批中国青年学生，同时鼓励他们独立思考，增强自学能力，走出适合自己的学术道路。跟中国学生在一起的两年里，马克西莫夫前三个学期分别开设了"燃料与炉""锅炉设备""锅内过程"三门主要的专业课，第四学期指导两个班27名学生进行课程设计和毕业设计。

除了马克西莫夫的锅炉专业课，热工专业的"传热学""工程热力学"，汽轮机专业的"汽轮机"，也都是必修课程，分别由来自莫斯科航空学院的热工专家伯格留波夫和来自莫斯科鲍曼大学的汽轮机专家格略芝诺夫讲授。班长秦裕琨后来回忆说，这三位当时40来岁的苏联专家虽然都知识渊博、作风严谨，但授课风格是迥然不同的。马克西莫夫讲课时习惯拿几张小卡片，上面记载着授课要点，有点类似于现在的幻灯片；伯格留波夫则有详细的讲义，喜欢拿着讲稿上课；格略芝诺夫不仅没有讲稿，连卡片都没有，上课时就是一根粉笔在黑板上写写画画，讲课却是很有逻辑性的，推导公式一写就是一黑板。

当然，苏联专家绝非是尽善尽美的，受苏式教育的影响，这些老师讲课时大都非常简练，讲授的大部分是提纲挈领的内容。学生要想获得更多、更丰富的知识，必须花大功夫自学。课上听讲，整理好笔记，课下按照笔记内容再去查阅参考书，及时补充完善学到的知识点，成为徐旭常与同学们一种惯常的学习模式。此外，重要的课程有苏联专家指导，还有一些小课，比如"锅炉构架""水处理"，则完全依靠学生自学。因此，他们当时投入学习上的时间特别多，一般傍晚6点就吃晚饭，饭后全班同学都坐下来自习，一直学到晚上12点才去休息。

好在同学们可以接触到的俄文原版参考书非常多，那时苏联给中国优惠，原版图书的价格是一折，非常便宜，哈尔滨中央大街的中央书店里，各类专业书籍应有尽有，基本上满足了同学们查阅资料的需要。徐旭常班上 14 名同学每个人都有一大摞俄文原版书做参考，为这批渴望更多知识的莘莘学子提供了足够的给养。徐旭常当时所购买的那一批俄文书，虽几经搬迁，但很多一直保留至今。秦裕琨回忆说，当时的徐旭常依然性格内向，不怎么说话，不活跃，但是在学习方面肯下功夫，所以成绩一直不错。

不过，搞锅炉研究只学习理论远远不够，必须在实践中去锻炼、去打磨。然而，作为新中国第一批锅炉专业的学生，他们能到哪里去实践呢？

大体上，锅炉可以分为两类，一类是工业锅炉，主要用于采暖或工业生产使用，容量比较小；另一类是电站锅炉，用于发电厂发电，容量很大。新中国成立之初，全国只有屈指可数的几家小锅炉厂，而且都生产不了电站锅炉，当时，国内所有的电站锅炉都是整台从国外进口的。1953 年开始，中国编制并执行国民经济发展的第一个五年计划，当时为电力工业规定的指标为：到 1957 年，年发电量达到 159 亿千瓦时，5 年内新增发电容量 205 万千瓦。为完成这个指标，国家在电力建设方面做了相应安排，限额以上建设工程共有 107 个，其中发电厂项目 92 个，设计发电容量 376 万千瓦，再加上限额以下的发电厂工程，全部设计发电容量为 406 万千瓦。其中，火电厂占大头，在限额以上的火电项目便有 76 个。如此大规模地建设火电厂，难道设备全部要从国外买？为了尽快突破电站锅炉的技术空白，中共中央决定在哈尔滨和上海建设锅炉厂，1953 年 9 月，华东工业部将上海的浦江机器厂更名为上海锅炉厂，专门生产电站设备，第二年，哈尔滨锅炉厂也诞生了。

1954 年冬天，哈尔滨工业大学的第一批锅炉专业研究生来到上海锅炉厂进行生产实习。当时，根据中国与捷克签订的技术合作协定，上海锅炉厂刚刚从捷克引进了 40 蒸吨/时的电站锅炉技术，全厂干部职工都在为我国第一套自行制造的火力发电设备而忙碌。这批学生在实习期间，正赶上制造锅炉的锅筒。那时，上海锅炉厂没有先进的锻造设备，也没有水压机，只能在露天搭一个大棚子，下面烧焦炭，上面吊着一块大钢板，等钢板烧红了放在预先准备好的模具上，由工人们排成队，在工头指挥下你一锤我一下地用木榔头快速敲打成型。同学们也参加了这项工作，但遗憾的是，直到实习期结束，锅炉还远没有造好，因此，他们只见到了一些零散的锅炉配件，没能在这里见识到真正的电站锅炉长什么样。

秦裕琨晚年回忆，直到1955年暑假去抚顺的电厂参加锅炉运营实习，他们才第一次见到真正的电站锅炉——一台从苏联进口的130蒸吨/时的新式锅炉。不过，徐旭常却没有能够参加这次实习，当时，他正在清华大学养病。

1954年，徐旭常已经22岁，身高还不到160厘米，原本以为自己就是一个矮个子了，可是到哈尔滨之后突然开始长高，而且长得很快，一年多一点的时间，便蹿到了172厘米，达到了他发育成熟后的身高。这本是一件令人欣喜的事，但在那个年代，却差一点要了徐旭常的命。在哈尔滨学习期间，一是功课紧张，学习压力很大；二是饮食比较差，大部分时间吃高粱米，尤其是冬季，没有新鲜蔬菜，常常靠酸白菜、土豆、萝卜下饭，营养跟不上，一向身体比较弱的徐旭常终于支撑不住了。在1955年6月回北京向清华大学汇报学习情况时，被确诊患了空洞型肺结核以及结核性肠炎。当时他的体重只有45千克，身体极度虚弱，甚至连走路都要扶着墙。或许是因为从小身体差，习惯了，徐旭常对于这次健康出问题倒也不是特别难以接受。由于家庭经济状况不好，他没有条件回家休养，就在清华大学校医院和北京结核病医院住院治疗，每天遵医嘱吃药、休息，给自己订了一份牛奶补充营养，还买了一台收音机，听着它慢慢静养。就这样过了3个月，再次检查时竟然出现了奇迹，肺结核空洞已经钙化，结核性肠炎也治愈了。

于是当年9月，新学年开始时，徐旭常又回到了哈尔滨工业大学继续学习。只是由于身体还很虚弱，有差不多半年的时间不得不处于半休状态。

1956年春节后，徐旭常身体刚刚恢复，却已经到了研究生最后一个学期，进入了毕业设计环节。由于缺席了前一个暑假的实习，到这个时候，徐旭常实际上还无缘得见真正的电站锅炉实物。然而，正所谓艺高人胆大，他在毕业设计选题时竟然选择了在当时来说难度比较大的发电用大型直流锅炉设计。直流锅炉在20世纪20年代初即已发明出来，30年代开始

图 4-4　1956 年徐旭常在哈尔滨工业大学研究生班进行毕业设计

应用，具有一系列优点，例如压力参数范围宽，制造方便、节省钢材，启、停炉速度快等，但是由于这种锅炉对水处理和自动控制的要求高，并且在锅炉容量不大时优势并不显著，因而发展得并不快。直到 50 年代末 60 年代初，电站锅炉向大容量、高参数方向发展，水处理技术和自动控制技术也有了长足的进步，直流锅炉才获得了迅速发展的机会。可以说，当时徐旭常选择这个课题，是相当具有前瞻性的。

实践中的不足，就靠钻研书本来弥补。经过近 4 个月的努力，徐旭常最终还是成功地将这张图纸画了出来。

6 月中旬，哈尔滨工业大学组织研究生班毕业生进行答辩，清华大学教授、我国著名热能工程专家冯俊凯特地赶到哈尔滨担任徐旭常的答辩委员会委员。那次答辩，徐旭常准备充分，得到了老师们的一致好评。为此，冯俊凯教授在答辩后约他前往道里区著名的马迭尔西餐厅吃了一顿俄式奶油烤鱼。徐旭常晚年曾回忆说，那道菜味道极其鲜美，让他一辈子都记忆犹新。这种俄式烤鱼也成为他终生比较偏爱的食物。

伴随着一顿美味佳肴，徐旭常终于为自己的学生时代画上了一个圆满的句号。从 1950 年 5 月进入抚顺矿专，到 1956 年 6 月在哈尔滨工业大学锅炉专业研究生班毕业，种种经历，既是对他身体的一种考验，也

图 4-5　1956 年徐旭常在哈尔滨工业大学研究生班进行毕业答辩

是对他精神的一种考验。在不断变化的环境中，徐旭常各方面的能力都得到了锻炼。尤其是在清华大学和哈尔滨工业大学学习的这段时期，他把自己能够拿出来的时间和精力全部投入课业学习当中，进一步培养了自己科学、严谨的治学作风与专业基本功。这段时期，也让他更加明确地认识到自己对学习与科研的热爱。坐在从哈尔滨开往北京的火车上，徐旭常踌躇满志。经过一再确认的人生志向、磕磕绊绊中锻炼出来的恒心、心无旁骛的专注风格，都将成为他走上工作岗位之后弥足珍贵的人生财富。

图 4-6　1956 年徐旭常（左）毕业答辩后在哈尔滨工业大学与冯俊凯合影

图 4-7　1956 年研究生班毕业时和马克西莫夫（前排左四）在哈尔滨工业大学机械馆门前合影（第三排左六为徐旭常）

第四章　研究生班

第五章
角色转换

回清华任教

图 5-1 1957年徐旭常在清华大学荷花池旁留影

哈尔滨工业大学办锅炉专业研究生班的目的，是为全国高校培养锅炉专业的教师资源。清华大学送徐旭常到哈尔滨工业大学进修的目的，也是为培养锅炉方向的青年教师。所以，徐旭常1956年研究生班毕业后，便顺理成章获得了清华大学动力机械系的教师任职资格。时任清华大学校长蒋南翔历来鼓励学校招收在大城市成长起来的青年人来清华任教，认为他们眼界宽，志向高远，发展前景更好，徐旭常符合这一条件，因此入职时没有受到什么阻碍，顺利进入锅炉设备教研组做了助教。

受苏联办学模式的影响，教学研究指导组是当时中国高校的教学科研单位，简称教研组。这是一种什么类型的组织呢？根据苏联1938年发布的《高等学校标准规程》，教研组被定义为"高等学校的基本教学组织，直接进行某种或若干种科目的教学组织工作和科学研究工作"。这一内容在苏联1944年发布的《高等学校教学管理规则》中得到了再次确认。虽然被界定为基层教学、科研组织，但是从教研组的任务和职责来看，其业务范围已经远远超过了教学与科研本身，包括落实教学任务、领导学生自学、负责学生实习、科学研究、研究生培养、选任教师和招生等。实际运行中，教研组在教学、科研、思想政治教育、教师发展等方面都扮演了重要的角色。

新中国成立初期，全国高校掀起向苏联高等教育体系学习的浪潮，教研组模式被同时引入中国。1949年12月，高等教育部发布的《关于中国人民大学实施计划的决定》，初步提出了在大学设立教研组的设想："为使教学与实际联系，苏联经验与中国情况相结合，该校校部设研究部，各系设教学研究组，组织中国教员与苏联教员经常调查研究各有关业务部门的实际工作情况，收集相关材料以充实教材（教材主要采用苏联各大学及各专科学校的最新课本），并请各有关部门派人参加指导工作。"当时，中国高等教育面临着诸多困难，师资力量匮乏和教学计划、教学大纲、教材建设缺乏问题尤显急迫。在学习苏联做法的过程中，教研组作为教师集体学习的组织方式，覆盖了解决这些问题的路径，因此迅速在国内高校中确立起来。

1950年，高等教育部颁布《关于实施高等学校课程改革的决定》，指出，"提高师资的质量和培养新的师资是实施课程改革的关键，因此全国高等学校的教师应努力加强自己的政治学习、业务学习及研究工作，应就各项主要课程，组织教学研究指导组，由教师实行互助，改进教学的内容与方法"。同年，《高等学校暂行规程》发布，首次对教研组做出了中国版的官方解释，即"教学研究指导组为教学的基本组织，由一种课目或性质相近的集中课目之全体教师组成之"。1955年，高等教育部出台《高等学校教学指导组各级教师职责暂行规定》，对教研组的成员构成及职责进行了明确的规定，总体来说，这些职责包括教学业务、教学行政工作、科学研究、研究生培养、教学法研究等。这项规定的出台，标志着教研组作为一种教学组织形式和教学研究制度，在中国高校中基本成型。与苏联情况类似，中国高校的教研组在运行当中也发挥了重要的行政管理功能，例如教师教学工作量的计算，是根据《高等学校教学指导组各级教师职责暂行规定》的岗位职级来衡量的，教师个人计划的制订先由教研组主任提出；科研成果的评奖，则需要教研组将本教研组认为可推荐的科学研究成果加注评语，向系主任推荐。

1953年，徐旭常刚进清华大学读研究生时，动力机械系只有3个教研组，即热力发电设备教研组、汽车及内燃机教研组和热工学教研组，等到1956年徐旭常再次返回这里时，热力发电设备教研组已经分成了热电站及热网教研组、锅炉设备教研组、汽轮机教研组，此外还有汽车拖拉机教研组、汽车拖拉机发动机教研组、燃气轮机教研组、热力设备自动化教研组、热工教研组，总数达到了8个。

在新成立的锅炉设备教研组中，由冯俊凯担任主任一职，所以徐旭常刚参加工作时，并非是进入了一个完全陌生的环境，起码还有自己的"半个师父"在照他他。冯俊凯1922年出生于北京，1945年毕业于当时在重庆的中央大学机械工程系，随后前往美国堪萨斯大学机械工程系攻读硕士学位，1949年毕业后回国在北京大学工学院机械系任教，1952年院系调整期间，北京大学工学院并入清华大学，冯俊凯一同转入清华大学动力机械系，历任副教授、教授，长期从事热能工程领域的教学与研究工作。其为人非常谦和，自称只是一个教书匠，却被业界评价为中国现代电站锅炉专业的奠基人之一。早在1953年苏联专家来我国之前，他就参考俄文资料、书籍，设计出130蒸吨/时的中压锅炉，并画出了图纸，得到电力工业界的好评。他在1979年组织编著出版的《锅炉原理及计算》，全面总结了在清华大学锅炉专业多年积累的教学经验，系统地介绍了中、大型锅炉的工作原理及计算方法,成为锅炉专业的经典教材,一度被学生称作该专业的"红宝书",此后多年,历经两次修订完善,至今仍被广泛使用。

对于比自己小 10 岁的徐旭常,冯俊凯是非常爱惜与重视的。早在 1956 年 2 月热力发电设备教研组一分为三时,冯先生便将锅炉设备教研组科学秘书一职留给了徐旭常,当时,徐旭常还在哈尔滨准备自己的毕业设计,因此暂时由其他同志代替履职。等到他正式入职之后,无论在教学上、工作上,还是生活上,冯俊凯都给予了细心的指导。

对于这位循循善诱、和蔼可亲、博学多才、淡泊名利的良师益友,徐旭常也非常的敬重。从老师到同事,再到朋友,两人的友谊越来越深厚。直至晚年,每逢春节,徐旭常都要偕妻子到冯俊凯家去拜望,年老后腿脚实在不方便了,就打电话问候。少有人知道的是,冯俊凯还是一个美食家,每当徐旭常在他家吃到可口的饭菜,总免不了讨要一张菜谱回家,然后丢给妻子进行"复制"。同时,冯俊凯也是半个艺术家,对于音乐、绘画、书法都有涉猎,20 世纪 90 年代徐旭常搬家的时候,他还送了一幅自己画的水彩画作为贺礼,徐旭常一直珍藏在家中。

冯俊凯爱才惜才,也用才育才,敢于给年轻人压担子。徐旭常初到教研组,便开始担任繁重的教学工作,讲授 160 学时(延续两个学期)的"锅炉设备"课程,还指导 60 学时的"锅炉课程设计",暑假和寒假都要带领学生去工厂或工地实习。这是年轻的徐旭常第一次独立开课,压力在所难免,好在他平时也没有过多的娱乐需求,因此有大把的时间拿来琢磨怎么上好自己的课。当初在哈尔滨工业大学,苏联专家讲得本来就比较概括,通过自学算是对锅炉专业有了一定的了解,但是如何把这些知识讲给自己的学生,还是需要探索的。以前漏掉的知识点需要补充,记忆中已经模糊的概念需要重新梳理,学生的接受程度也不得不考虑,因此徐旭常差不多把课堂之外的全部时间都用在了备课上。查材料、请教老一辈专家,讲义补充了一遍又一遍。为了方便学生学习,他当时还花心思制作了一份锅炉设计参考图册,事后多年他才通过别人之口了解到,这份简易的图册曾经被国内许多高校的锅炉专业采纳,用作辅导教材。

短暂的行政事业

徐旭常刚参加工作时，清华大学动力机械系的领导对他非常重视，除了教学任务，行政工作安排也做了新调整。

1956年秋，时任动力机械系系秘书的周力行被学校选拔留苏，离校去俄语学院学习俄语，做出国准备，这样系秘书职务便出现了空缺，系里面决定让徐旭常顶上。1956年10月11日，清华大学正式公布了各系、教研组干部任职名单，李志忠、蔡祖安、容文盛、徐旭常4人担任动力机械系的系秘书。这等于是给徐旭常"升官"了，从此负责协助系主任庄前鼎教授管理全系的科研工作。

但是时间不长，这个差事就被徐旭常给弄丢了。在晚年的时候，他曾回忆起这段经历："可能是感到我政治上跟得不紧，或者是因为政治上无所作为、思想比较'右倾'，就把我从系秘书降为教研组秘书，随后又从教研组秘书调任工会组长和教工的团总支委员。"

这个判断并非空穴来风。那段时期，国内外形势急剧变化，1957年，一场发端于整风运动、反击资产阶级右派分子的政治斗争席卷全国，大批知识分子受到波及。徐旭常在学校里行事低调，跟"资产阶级右派分子"扯不上关系，但是那场大规模的阶级斗争运动还是给他留下了深刻的印象，加之自己一直没有申请入党，难免会让他对自己的工作调动产生一些联想。

其实，在那场"反右"运动开展的同时，清华大学还做了一个关于行政机构人员调整的决定。1957年11月1日，

图5-2 1957年徐旭常（第四排左三）和同事们在清华大学动力工程系馆前合影

清华大学召开校务行政（扩大）会议，讨论了合并机构和精减人员问题，决定在对校一级机构设置进行调整的同时，在系一级设立行政办公室，在系主任领导下办理全系行政事务，办公室设专职行政秘书1人，领导系里的教务员、总务员、人事秘书

图 5-3　1959年徐旭常（第一排左五）和同事们在颐和园昆明湖边合影

等工作。徐旭常的系秘书职务很可能是由于清华大学机构人员调整改革而被撤掉的。

从那以后，徐旭常的行政事业便夭折了，用他的话说，"自己再未曾担任过一官半职"，心思全部花在了教学科研工作上。

与徐旭常的工作经历不同，1950年和他一起由东北工学院来到清华大学的徐秀清，在行政工作与教学科研工作之间寻找到了属于自己的平衡点。徐秀清是个热心肠的人，组织协调能力也很强，于是在1962年被任命为徐旭常所在教研组的主任，负责组织教学科研工作。当时，教研组里有从20世纪30年代、40年代开始任教的老先生，有50年代加入进来的和徐旭常、徐秀清同辈的教职人员，也有60年代刚刚毕业参加工作的青年教师；有一直在国内求学从教的，也有从国外留学归来的，要把大家团结在一起共同推动教研组事业的发展，并不是一件很容易的事。但徐秀清做得很好，管理是一门技术、更是一门艺术，需要全局眼光以及独立的思考判断，工作上他坚持合理布局、发挥专长的原则，安排教学科研资源力求实事求是、公正合理，而且从来不经营自己的"自留地"，生活中他对待教研组内的每个人都如亲人一般，经常去做家访，大忙小忙能帮则帮。这犹如给教研组注入了一针"凝结剂"，让整个教研组呈现出积极向上、团结做事的良好风貌，教学上不断出新教材，科研上不断出新成果，人才培养上不断有新突破，实验室建设上不断有新进展。徐秀清对教研组的管理模

图 5-4　1959 年 6 月 8 日徐旭常在清华大学集体宿舍备课

式和管理成效得到了一致认可，因此，虽然教研组的专业方向后来几经变化，但主任这个职务一直由他担任，直到 1991 年交接给年轻同志。与此同时，徐秀清也没有放弃教学科研工作，他给学生讲授过"热能工程概论"等课程，在燃煤锅炉稳燃、低氮氧化物排放煤粉燃烧等研究领域也做出了自己的学术贡献。

不同的人适合挑不同的担子。以徐旭常的秉性，他可能并不像徐秀清那样，是一个适合"双肩挑"的人。行政和社会工作的减少，在徐旭常本人看来是一件好事。志向本不在于此，从行政岗位上卸任后，他反而感觉轻松了不少，可以全力以赴地从事教学以及后来的科研工作，是他十分乐意接受的局面。

半条命换来一部《燃烧学》

总体而言，徐旭常的教学工作得到了学校的认可，1961 年，他由助教升任为讲师。

同年，动力机械系从锅炉、燃气轮机、汽车拖拉机三个教研组抽调了一批教师，成立了新的燃烧教研组，徐旭常也在被抽调范围之列。

获得了新身份，徐旭常马上领到了一件棘手的工作。燃烧教研组打算给锅炉专业的学生新开一门"燃烧学"课程，将授课任务分配给了他。如果放在现在，分派一名老教师开一门跟本人研究方向相关的新课，并不是什么大事，然而，在那个年代，面临的现实状况却不同。国内高校在这之前从未开过这门课，甚至都没有这门课程的名称，徐旭常面临着一无专业背景、二无现成教材、三无参考资料的"三无"窘境，这课该怎么讲？

按照徐旭常一贯内向的性格，这任务既然分给了他，推回去，他做不到。那就只剩下了一条路：现学。

燃烧，并不是人们日常生活中划着一根火柴或者点燃一堆篝火那么简单，按照学术一点的说法，它是指燃料与氧化剂发生强烈化学反应，并伴有发光发热的现象。再深入一些来讲，燃烧不单纯是化学反应，而是反应、流动、传热和传质并存、相互作用的综合现象。因此，作为一门研究燃烧的学科，燃烧学非常复杂，其研究内容通常包括燃烧过程的热力学、燃烧反应的动力学、着火和熄火理论、预混气体的层流和湍流燃烧、液滴和煤粒燃烧等，涉及很多流体力学、传热学、化学动力学等学科的基本概念、理论和方法。对于一个学工程的人来说，基本上得从零开始慢慢补。尤其徐旭常在上学时便是一个注重基础知识的人，如果这些底层知识弄不懂，他讲起课来也不踏实，所以，他要学的东西就更多了。这是徐旭常所遇到的对其自学能力最大的一次挑战。

而徐旭常当时可搜集到的资料中，没有俄文教材，只有一些从不同角度论述燃烧问题的俄文书籍和期刊，欧美等国的英文教材被禁止入境，也不可能获得。他学习这门课程，还真不是光凭用功就能完成的。

就在徐旭常四处搜集资料，准备教学讲义的时候，听说了一件事，让他大喜过望——清华大学数学力学系新聘来一位讲师，是苏联列宁格勒工业大学毕业的副博士[①]，当时正在给数学力学系热物理教研组的教师们开设一门叫作"燃烧理论"的课程。这个人不是别人，正是1956年徐旭常接替其担任系秘书职务的周力行，两人也算是老相识了。从1957年开始，周力行在苏联列宁格勒工业大学物理—力学系攻读副博士学位，1961年学成回国，到清华大学数学力学系任讲师，同时担任热物理教研组主任。

这么好的学习机会自然不能放过，徐旭常毫不犹豫便走进了周力行的教室。第一节课听下来，欣喜之情更重了。周力行讲授这门课，是按照钱学森先生的倡导，把燃烧学定义为有化学反应的流体力学，从流体力学、

---

① 副博士学位（俄制），苏联以及后来的俄罗斯、乌克兰等国家颁授给研究生的一种学位，级别比硕士学位高，低于俄式学制的全博士学位，相当于西方国家的Ph.D博士学位，毕业后可任副教授。苏联的正博士是相当于教授级的更高学位。

连续性力学的角度来分析燃烧过程。这让徐旭常耳目一新，感觉给自己带来了一个新的思路，而且这种偏重基础理论的研究方式与授课方式，也正是徐旭常所赞同和向往的。

其他系的教师能够来听自己的课，周力行也感到很高兴。于是，课上，徐旭常听周力行讲；课下，两个同龄的年轻教师展开了热烈的讨论，着火理论、层流火焰、湍流火焰、基本方程等，一系列讨论下来，两个人越聊越投机，渐渐成为学术上与生活中的挚友。

从他们的人生经历来看，两人确实有缘。他们同年出生，1953—1956年先后辅助冯俊凯先生教授锅炉设备课程，同年成为清华大学的讲师，都以燃烧学为研究对象。到了1985年，他们又同时被评为清华大学教授。两个人相互探讨学术问题，一起编书，相互校书，共同在燃烧基础研究领域徜徉，虽然后来因为种种机缘，徐旭常的学术地位要高于周力行，但是直到晚年，他都非常敬佩周力行的学术水平与科研能力。

在燃烧的基础理论研究领域，徐旭常与周力行是一对绝佳的伙伴，但是具体到1961年清华大学动力机械系的"燃烧学"课程，从课程架构到具体讲义内容，还是得由徐旭常自己补充完善。从收集资料、查阅文献，到准备教学大纲、设计教学实验台，他首先要全面地自学，然后一边编写讲义，一边准备教学实验，待自己弄通了，再去给学生们讲课。其间，为了一个知识点花费大量时间翻阅材料、苦苦思索或是向具备相关知识的人请教，是常有的事。据徐旭常的妻子何丽一回忆，当初准备这门课程的教学"要了他的半条命"。

正所谓功不唐捐，徐旭常边学边教，同时编写教材，经过3年的努力，不仅很好地完成了教学任务，还编写出中国第一部《燃烧学》教材。这部《燃烧学》于1964年8月由清华大学出版社出版，共51万字，分上、下两册，上册是《燃烧理论》，讲述燃烧过程中的化学反应、预混气体的着火和灭火、均匀混合气体中的火焰传播、液体燃料滴和固体燃料粒的燃烧；下册为《燃烧技术基础》，涉及雾状与粉状燃料的燃烧过程、射流理论和射流燃烧、燃烧技术的模化原理和分析方法，同时介绍了各项相似准则在燃烧模化中的意义。

这本《燃烧学》的编写与出版，对于清华大学乃至全国高校的燃烧学教学工作而言，从此多了一本系统的参考教材，贡献不言而喻。对于徐旭常自己而言，收获远比这要大得多。其一，通过开设这门课程，他全面地学习了燃烧学的基础理论，这是很多搞工程的学者所欠缺的。从学生时期注重基础知识学习，到工作时期注重基础理论探究，借助"燃烧学"这门课程，徐旭常顺利完成了一次底层逻辑始终如一的角色转换。正因为如此，此后多年，他才有可能在科研领域开创出自己的理论、做出超越常人的贡献。其二，编写《燃烧学》的经历，是对徐旭常自学能力的一次终极检验，也让他更加相信恒心与毅力的作用。从零开始啃下了庞杂繁复的燃烧学，此后再遇到任何新知识、新领域，他都不会再发怵。每当进入一个新领域，徐旭常都会先抱来一摞书，看完了，琢磨清楚了，再动手搞自己的研究。

从成为助教开始授课，到成为讲师开始编写教材，教书与写书这两条工作主线，此后伴随徐旭常走过了很多年。

教书方面，徐旭常一开始是给本科生上课，慢慢地开始给研究生上课，"文化大革命"期间也曾给工农兵学员上课，再后来由于科研任务增多，教学任务逐渐减少，一直到20世纪80年代初期，因为身体原因才完全退出了这项工作。他最后一次给学生开大课是在1982年，当时新学期第一次上课就因为咽炎发作而难以继续。从那以后，站在讲台

图 5-5 1964 年出版的《燃烧学》上、下册封面

上连续讲课的日子成为了历史,他将精力全部投入了科学研究与指导研究生两个方面。

徐旭常前前后后延续了 26 年的教学生涯,时间虽然不算很长,但它对清华大学乃至全国高校燃烧学教学发展的影响至今都还在。在"文化大革命"结束后,徐旭常曾积极主持了清华大学热能工程系燃烧课程的改革,促使教研组恢复了"燃烧理论和燃烧设备"课程的教学,同时大力支持和指导教研组年轻教师开展燃烧基础教学。现如今,我们依然可以在清华大学的课堂上聆听"燃烧理论"这门课程,该课程定位于培养开放式、实践型、创造性的能源动力领域骨干科研人才,多年来先后由能源与动力工程系的新生代骨干力量姚强和李水清担任主讲教师。经过几代人的坚持和努力,该课程打磨出了自己的特色和品牌,2007 年获评清华大学校级精品课,2009 年入选"国家级精品课程",而且,该课程还通过慕课等在线课堂形式给国内广大燃烧学爱好者提供了一个良好的学习平台。清华大学对燃烧学基础教学的重视,对国内动力工程与工程热物理领域的教育同人产生了良好示范作用,近年来,上海交通大学、浙江大学、哈尔滨工业大学、西安交通大学、华中科技大学、天津大学、大连理工大学、重庆大学等几十所高校先后在本科阶段开设了燃烧学课程。

在晚年,徐旭常以自己更为宽广的国际学科发展视野,提出了"通识教育、以通驭专、实践为本"的工科教育学术思想,也深刻地影响和感染了教研组的青年教师。

著述方面,徐旭常坚持的时间跨度更长一些。"文化大革命"期间,他和同事们合作编写的《沸腾燃烧锅炉》,总结了当时沸腾燃烧锅炉在国内的发展情况和清华大学沸

图 5-6 1990 年出版的《燃烧理论与燃烧设备》封面

腾炉研究课题组的研究成果，这本书在 1972 年由科学出版社出版，对中国推广应用沸腾燃烧锅炉起了很大的促进作用。在冯俊凯教授组织编著《锅炉原理及计算》一书时，他也参与了撰写工作，负责其中的 15 万字。此后，他又与王应时、范维澄、周力行合作编写了《燃烧过程数值计算》，1986 年由科学出版社出版。1990 年，徐旭常已经退出教学工作多年，但因为教研组教学需要，他和毛健雄、曾瑞良、陈昌和合作编写了《燃烧理论与燃烧设备》，共 60 万字，他负责撰写了其中的 1/3 并担任主编。这本书是把燃烧理论和燃烧设备较为密切地联系起来讲述的一次尝试，出版之后获得了很好的反响，2010 年，他又应科学出版社之邀，和系里的年轻教师吕俊复、张海一起做了补充和完善，出版了第二版。

徐旭常参与主编的最后一本书，是 2008 年由化学工业出版社出版的《燃烧技术手册》。这是一部长达 270 万字的巨作，是国际上第一部百科全书式的燃烧理论与技术图书，全书由几十位燃烧领域的权威专家撰写，系统性地总结了国内外几十年来燃烧学基础和燃烧技术的发展，并对未来燃烧理论与技术的发展方向进行了探讨。2010 年，这本书获得了中国石油和化学工业联合会评发的中国石油和化学工业优秀出版物奖（图书奖）一等奖。该书由徐旭常和周力行担任联合主编，同时，徐旭常承担了其中 40 万字的写作任务。

说到《燃烧技术手册》这本书，还有一个耐人寻味的小故事。最初，化学工业出版社的编辑廖叶华想让徐旭常担任主编，但是徐旭常考虑到工作安排和身体状况，认为自己难以胜任这份工作，便婉言谢绝了。廖编辑不死心，又找到了周力行教授，周力行虽然忙，但身体尚可，于是就接了下来。书名本来叫作

图 5-7　2008 年出版的《燃烧技术手册》封面

图 5-8　2005 年徐旭常（右）与周力行合影（周力行提供）

《燃烧学基础及技术手册》，周力行是做燃烧基础理论研究的，尤其以数值模拟见长，所以在"基础"部分，无论是亲自撰写还是约其他专家组稿，都进行得非常顺利。可是到了后面的"技术"部分，涉及锅炉、火箭发动机、航空发动机等，周力行发现工作量很大，约来的稿子需要修改补充的地方非常多，他担心自己一个人把控不到位，于是最终又找到了徐旭常，提出由二人共同主编。自己的学术伙伴找来帮忙，这一次，徐旭常只得答应。但等到书稿编辑完成该署名的时候，却又起了争执。周力行认为，编撰过程的实际工作量一多半是在"技术"部分，应该由徐旭常做第一主编，甚至干脆把书名也改成了《燃烧技术手册》，徐旭常坚决不干，强调这项工作是周力行发起的，他署名第一主编实属抢功。最后争执来争执去，还是把徐旭常排在了前面，但在图书导言部分，署名则是周力行在前。

　　在图书编写过程中，两位教授互相支持，配合得很好，最终给后人留下了这部鸿篇巨著。编写完成之后，两人又相互谦让，相互表功，更是成就了学术界的一段佳话。徐周二人这段学术相知相扶的情谊，在燃烧领域青年学者口中流传了一代又一代，2017 年，在南京召开的中国工程热物理学会燃烧学学术年会上，有后辈青年学者有感而发，即兴创作了一首打油诗：

　　　　钟山细雨话徐周，
　　　　几多佳话煤和油；
　　　　宜将旗帜传承起，
　　　　燃烧学科永一流。

自 由 恋 爱

当徐旭常进入清华大学做助教时,已经24岁,到了谈婚论嫁的年纪。不过,因为工作一直很忙,他并没有过多地考虑过这个问题,直到1959年遇到何丽一[①]女士。

何丽一与徐旭常同年毕业,之后留在了北京工作。1959年冬天,她去清华大学看望由长沙来京的大学同窗吴淑兰,见到了与吴淑兰未婚夫邵锡奎同住一间宿舍的徐旭常。

两人相识,实属偶遇。这次偶遇却让徐旭常久久无法释怀,于是偶尔会忙里偷闲,从当时还算是北京郊区的清华园赶到城里何丽一的工作单位去看望她。再后来,两人开始交往,由于徐旭常平时很忙,基本每两周去看望何丽一一次,下午进城,半天来回,每次见面时间只有2小时左右。

等到两人相熟了,何丽一给家里寄了一张徐旭常的照片,父亲看过之后觉得眼熟,很像自己以前的一位同事,于是细细追问了一番,这才知道,双方的父亲确实曾经在一个办公室里工作过。所谓无巧不成书,徐何二人的结合,不得不让人相信世上真的有缘分这种东西。双方家庭算是知根知底,于是家里人都十分赞成他们两人继续交往。

1960年年底,两人到了谈婚论嫁的时候,何丽一提出了自己唯一的要求,那就是不要在北京结婚,因为她见到同事在北京集体宿舍里结婚的场面,要表演节目,还要讲恋爱经历,她觉得很尴尬,所以希望回老家办婚礼。徐旭常遵从了未婚妻的提议,1961年1月14日,他们在北京宣武区进行了结婚登记,春节就回到了南方,先到苏州何丽一老家拜望,然后到上海举办了婚礼。回到北京后,给同事们送一些喜糖,两个人就开始正式在一起过日子了。

[①] 何丽一,1934年7月出生,江苏省苏州人。1956年毕业于北京医学院药学系,同年分配到中央卫生研究院药学系(现为中国医学科学院药物研究所)分析室工作,研究员,1999年退休。

图 5-9　1960 年徐旭常与何丽一在北京农展馆

图 5-10　1961 年 1 月徐旭常与何丽一的结婚照

图 5-11　1962 年徐旭常父母来清华大学探望时在徐旭常宿舍合影

说是在一起过日子，实际上两人并不能每天都在一起。一是当时没有固定住所，两个人都各自住在自己的宿舍，相聚时只得过着"打游击"的日子，在宿舍将就、向单位借房间、偶尔住一下同事的房子。二是那段时期，徐旭常正好忙着学习《燃烧学》相关知识，抽不出过多的时间来相互陪伴。

直到 1963 年年底，他们的第一个孩子徐纪清快要出生的时候，何丽一才找单位申请了一间宿舍。这是一间 15 平方米左右的平房，只有一个很小的窗户，即便白天屋子里依旧很暗，而且没有厕所，不通水也不通暖气，条件很差。但好歹算是有了一个固定的住所，两个人借来 1 张床，买了 1 张两屉桌子、4 个板凳，准备迎接第一个孩子的降生。此后，一家人在这间简朴的房子里生活了 10 余年的时间。

即便何丽一有了身孕，即将分娩，徐旭常仍旧不能时常回家，周末、寒暑假和其他节假日也一直在学校加班加点，坚守着宿舍、食堂、教室三点一线的清苦生活，孜孜不倦、乐此不疲。有时候看书、想问题经常忘了时间，赶不上食堂的饭点，就到邻居的煤球炉子上煮一撮挂面充饥。何丽一最开始的时候心中难免有些怨气，但是看到自己的丈夫如此兢兢业业，又不免心生怜悯，气是生不起来的。

因为徐旭常无暇照顾也不会照顾孩子，两个人商量决定，第一个孩子回何丽一的老家苏州去生，所以当时在北京的家里什么都没有准备。奈何肚子里的孩子不想等了，何丽一记得那是一个星期天，徐旭常回家探望后刚刚离开，她和邻居聊天，邻居问她什么时候回老家，她还打趣地回答说"反正下周就不在这儿了"，结果就在那天晚上，何丽一突然肚子痛，邻居帮忙送到医院，大儿子徐纪清提前一个月出生了。等到徐旭常得知消息，已经是第二天的事了。提前到来的孩子，给了年轻的父母一个措手不及，他们只得慌忙向何丽一家里打电报求助，母亲带了婴儿的衣服、尿布还有一些食品，赶来帮忙照看。但是刚来一个月，何丽一父亲又生病住院，母亲不得不急忙回家，夫妻二人只得找了个保姆帮忙照看。

老大出生时没有经验，忙乱得够呛，所以 1965 年在第二个孩子出生前，何丽一干脆提前一些时候回了老家。走的时候也不顺利，何丽一抱着一个、怀着一个，独自坐火车回苏州实在有些困难，徐旭常又没有时间送，这可如何是好？最终，他们找到了何丽一单位一个要到上海出差的同事，请他顺路照应。

待到小儿子徐纪民出生，何丽一料想将两个孩子都带回北京肯定照看不过来，只得先带了徐纪清回来，小儿子留给家中的母亲照看，直到 2 岁多能送托儿所了才接来北京。

在短短的几年内，徐旭常的身份又经历了两次转换，先成为人夫，再成为人父。然而，他的性情与志向却一丝都没有受到扰动。

何丽一带着大儿子回京后，日子一切如常，徐旭常还是一样忙，夫妻二人还是过着城内城外两地分居的日子。他每周末回家探望一次，待不到 24 小时又匆忙返校，再加上经常出差在外，一家人便不能保证每周都见面，以至于孩子对他非常陌生，每当他回家，总以为是家里来的客人。当然，最苦的还是何丽一，家里家外几乎都是她一个人操持，长此以往，她也逐渐适应了这种状态。最让人头疼的是她出差的时候，年幼的孩子无人照看，短期的话便设法找保姆、亲戚或者同事帮忙照看，时间比较长的话就只能送回南方老家，麻烦双方的父母。

晚年回顾这段时期时，徐旭常总觉得亏欠了家人太多，何丽一反倒表现得很平静。她心里很清楚，全身心投入工作，是徐旭常的人生志向所决定的，不让他这样也不可能，另外，若非如此，也不会有他日后的一系列成就。想到这些，何丽一也就释怀了。不过，有时候她也会故意拿徐旭常只顾工作不顾家这事打趣。有一次，何丽一认真地对徐旭常说："我真的很感谢你！"徐旭常一时反应不过来，问："感谢我什么？"何丽一回答："因为你什么都不管，让我变得能干了。"徐旭常知道妻子这是在开玩笑，所以什么也不说，只是付之一笑。

第六章
安静的学者

不要乱讲话

1966 年 5 月 16 日，一份《中国共产党中央委员会通知》下发到了各级党组、党委、政治部，这个后来被冠以"五一六"之名的通知，标志着"无产阶级文化大革命"正式开始。

很快，"文化大革命"之风便吹进了高校。1966 年 6 月 1 日，《人民日报》发表《横扫一切牛鬼蛇神》的社论，当日晚间，中央人民广播电台广播了北京大学聂元梓等 7 人于 5 月 25 日写的题为《宋硕、陆平、彭珮云[①]在文化大革命中究竟干些什么？》的大字报和《人民日报》评论员文章《欢呼北大的一张大字报》。

受此风气影响，从 6 月 2 日开始，清华大学卷入其中，有学生在校园

[①] 宋硕、陆平、彭珮云三人当时是中共北京市委大学工作部和北京大学党委的主要领导同志。

里贴出了《蒋南翔！究竟站在什么立场上！》《蒋校长你跟谁的指挥棒转》等大字报，认为蒋南翔在 5 月 11 日全校纪念"五四"青年节集会上的报告故意回避政治问题，随后又有人贴出《校党委是黑帮》的大字报，全校掀起"蒋南翔姓'马'（马列主义）姓'修'（修正主义）？""校党委是红线还是黑线？"的大辩论。6 月 9 日，由北京市委派出的工作组进驻清华大学，从校党委手中接管了学校管理权，12 日，工作组召开全校师生大会，宣布由工作组来领导清华大学的"文化大革命"工作，校党委书记、校长蒋南翔停职反省。从 6 月中旬至 7 月底，清华大学的大批党员干部，包括学生政治辅导员、班主任，被大字报点名批评为"黑帮分子""黑帮爪牙"，并被揪斗，有的甚至被戴高帽子游街。8 月，工作组撤离学校，由各系学生为主参加的"文化大革命"联席会议组建了校"文化大革命"临时筹委会，来主持学校运动和日常工作。但不久，清华校园内成立了许多红卫兵组织，导致学校工作陷入了完全无序状态。

那段时期，清华大学到处都是标语、大字报，在破"四旧"①风暴中，清华的标志性建筑——二校门被推倒，成为一堆破砖烂瓦，校内一片混乱。既已停课，教学成为不可能，实验室同样遭灾，科研也无从下手，教职工们除了检讨、反省与被批斗，基本上陷入了半失业状态，这让徐旭常感到震惊。其实不光是他，整个清华，乃至全国所有高校的绝大多数教职工都还没来得及搞清楚到底出了什么问题，便已陷入了一种被动而无奈的处境中。

徐旭常本来性格内向，平时话就不多，对于眼前搞得轰轰烈烈的运动没有丝毫的兴趣，所以看不懂就看不懂，少说话总是没错的。他不仅身体力行这条箴言，与同事交流时也劝他们不要冲动，不要乱讲话，谨言慎行为好。由于做学术或者搞研究是被禁

图 6-1　1966 年徐旭常在清华大学集体宿舍内画水彩画

---

①　四旧，指旧思想、旧文化、旧风俗、旧习惯，由《人民日报》社论《横扫一切牛鬼蛇神》（1966 年 6 月 1 日）第一次明确提出。

止的，徐旭常一开始不知道该将大把的空余时间拿来做什么。后来，他重拾了在东北读大学期间曾经学习过的绘画活动。既然不让做业务，那就钻研一下个人爱好吧。经过那段时期的练习，素描、水彩画他都可以像模像样地来上几下子。

因为徐旭常既无行政职务，也无出格言论，因此在当时并不是重点"斗、批、改"[①]对象。即便每次政治运动来袭，都要把他拎出来"敲打敲打"，他却只当是"例行公事"，并没有看作特别难以应付的事情。然而，让他预料不到的是，另外一场危机正在悄然向他靠近。

1966年冬季的一天，徐旭常突然高烧不退，食欲消失，全身无力，尿液呈酱油色，到医院检查才知患了急性黄疸型肝炎，于是立即住进北京第二传染病医院进行隔离治疗。这一病，连徐旭常的家庭也受到了波及，家中由防疫部门进行了全面消毒，托儿所拒绝孩子入托，需要隔离观察一个月确保没有被传染才行。倒是徐旭常自己，因为经常生病，早已是处变不惊。这次虽然严重，但也并不是特别担心，积极配合治疗、静心休养，病情最终逐渐好转，半年之后得以康复出院。在外界一片纷乱之中，能够躲进相对安静的医院病房，对于徐旭常来说，也未尝不是一种幸运。

不过，出院之后，外界依然纷乱未平。在1967年10月14日中共中央发出《关于大、中、小学校复课闹革命的通知》之后，清华大学开始准备复课。当月24日，全校召开复课闹革命誓师大会，30日，全校正式复课。然而，学生们仍然各行其是地进行着大批判、大辩论、贴大字报等活动。清华大学成立了红卫兵井冈山兵团，经过"夺权"掌握了学校的行政权力，1967年4月，井冈山红卫兵组织分裂为"井冈山总部"与"井冈山兵团414总部"两派，陷入了无休止的争论，到1968年4月两派发生武斗，持续了百日之久。此一时期，学校各系统基本处于瘫痪状态，复课成为空谈。

直到1968年7月27日，中共中央派首都工农毛泽东思想宣传队（简称工宣队）进校，制止了红卫兵的武斗，并接管了学校的全部领导权，清

[①] "斗、批、改"，斗争、批判、改革的简称。

华大学的局势才开始稳定下来。按照徐旭常的同事、1956年曾经和他一同被任命为动力机械系秘书的容文盛当时的文字记载，工宣队进校后，武斗停止了，生活安定了，校内是一派和平气氛。但仅仅是物质生活平静了，精神生活仍不能平静，"斗、批、改"还要进行下去，对象也依旧是学校内的广大教职工，尤其是被扣上帽子的"资产阶级知识分子"。

因为有统一的组织发布指令，清华大学里的政治运动进展得比前期更顺利、更有节奏，不像以前那样常有干扰。这一阶段，徐旭常尽管不是被重点关注的对象，但他的生活还是免不了受到冲击。当时，他和周力行一起，成了校内的名人，根源在于他对锅炉煤粉燃烧的教学与研究。在一次批斗大会上，有工宣队的同志做报告时指出，在清华大学里有两位老师讲"燃烧学"，都是理论严重脱离实际的，一位不但在课堂上大讲特讲，还专门研究一滴油的燃烧；另一位也是大讲特讲，还专门研究一颗炭的燃烧，这都是清华园里的阶级斗争现象。工宣队同志口中的两位老师，指的便是周力行和徐旭常。不过，他们二人终究也没有搞清楚，做燃烧基础研究与阶级斗争是一种什么关系。

当时，按照政治觉悟与专业水平，教职工们被分为不同的类别：既具有坚定正确的政治方向、拥护党的领导，又掌握了专业知识和技能的人，属于"又红又专"类，是待遇最好的；其次是政治觉悟有待提高、业务能力也不突出的"不红不专"类，属于可以拉拢的广大群众；待遇最差的，是被认定为只知道埋头钻研业务却不重视政治学习的人，归为"白专"之列，必须进行"触及灵魂"的、"脱胎换骨"的改造。徐旭常当时被划为"白专"之列，所以时常被拎出来敲打。周力行比他更惨，按理说，他当时已经入党，应该在"又红又专"之列，奈何他是从苏联留学归来的，因此被扣上了一个"苏联特务嫌疑分子"的帽子。原来，周力行早年在苏联留学时属于拔尖的好学生，离校回国前导师告诉他，他的学术论文已经够正博士水平了，将来如果有机会再回去做几个月的研究，就可以拿到正博士学位。这件事被周力行同一个教研组的另一位留苏教师听说了，就向工宣队揭发他，说"别人回国时为什么没有这话，苏联人却偏偏要你周力行回去，你肯定是里通外国"。再后来，周力行曾经发表在苏联期刊上的一篇学术论文也被翻了出来，成了里通外国的另一个证据，于是"苏联特务嫌疑分子"的身份被做实，周力行被剋得够呛。

鲤鱼洲的虫倌

　　1966 年 5 月 7 日，当"文化大革命"山雨欲来风满楼的时候，毛泽东同志给林彪写了一封信，在这封信中，毛泽东做了指示：全国各行各业都要办成"一个大学校"，"学政治、学军事、学文化、又能从事农副业生产。又能办一些中小工厂，生产自己需要的若干产品和与国家等价交换的产品"。这一指示后来被称作"五七"指示。从实质上来说，它与"五一六"通知都是无产阶级专政下继续革命理论的组成部分，只不过"五一六"通知是"砸烂旧世界"的纲领，而"五七"指示则是"建设新世界"的纲领。"五七"指示在理论上、宏观上回答了如何在"文化大革命"条件下办干部教育的问题：第一，干部教育要革命，干部要重新教育、重新学习，要在干部学校根除"资产阶级统治我们学校的现象"；第二，在干部教育内容上，要把"学政治"和"批判资产阶级"放在首位，同"学工""学农""学军""学文化"紧密结合起来；第三，在干部教育方式上，要在"三大革命运动"（阶级斗争、生产斗争和科学实验）中教育干部，干部要接受工农兵的"再教育"；第四，在干部教育布局上，干部学校要办在农村或工厂，以便实行半工半读；第五，在干部教育目标上，要把干部培养成亦工亦农，亦文亦武，能上能下，能官能民，具有阶级斗争、路线斗争和"无产阶级专政下继续革命"觉悟的干部。

　　按照这一指示，1968 年 5 月 7 日，黑龙江省革命委员会在黑龙江省庆安县创办了全国第一所"五七"干校——柳河"五七"干校，名震全国，于是，全国上下迅即掀起了下放干部、大办"五七"干校的风潮。仅 1968—1971 年，各省（市、自治区）共举办"五七"干校 1497 所，将 43.95 万名党政机关、文化系统的干部和高校教职工以及 1 万名知识青年下放到这些干校中去学习、劳动。这批被下放的人被称为"五七战士"。

清华大学的"五七"干校位于江西省南昌北部、鄱阳湖边的一个半岛——鲤鱼洲上。1959年，江西省一些国有企业按照政府要求，先后组织人员到鲤鱼洲试办农场，1962年10月，这里成立了国营南昌县鲤鱼洲垦殖场，1969年由福建军区江西生产建设兵团第九团接管。江西省大部分地区都是贫瘠的红土地，唯独鄱阳湖的围垦区是肥沃的黑土地，鲤鱼洲这里本是一块办农场的好地方，但是很可惜，这里是血吸虫病高发区，并不适宜人类生活和居住。

鲤鱼洲在全国闻名，是因为它是当时全国最大的"五七"干校聚集地。20世纪六七十年代，先后有上海知青6000多人、南昌知青3000多人响应号召，来到鲤鱼洲插队落户、围湖造田，清华大学和北京大学的"五七"干校也选在了这里。1969年，清华大学准备在江西省开办自己的"五七"干校，派人去寻找合适的选址地点，最开始的时候，江西省领导给他们推荐了一块条件比较好的、没有血吸虫的旱地，然而等到考察人员回到清华大学向工宣队负责人迟群汇报时，迟群却拒绝了这个没有血吸虫的选址，而是以"越困难的地方越能锻炼人"为名，专门挑选了鲤鱼洲。1969年4月30日，工宣队召开全校大会，宣布要在江西南昌鲤鱼洲创办一个试验农场，动员教职工参加。5月初，清华大学首批"五七战士"共398人坐火车赶赴鄱阳湖畔，随后还有4批，总共加起来近3000名清华教职工和家属以及工宣队队员来到鲤鱼洲农场劳动，徐旭常是其中的一员。北京大学的第一批"五七战士"则是在1969年7月来到这里，后来又陆续来了2000多人。

清华大学位于鲤鱼洲的农场，占地约1.1万亩，当时，清华大学工宣队对它满口赞誉："既是一个抗大式的劳动大学式的学校，又是一个既有工业，又有农业、商业，又有科学实验的自给自足的社会主义的新农村，这里将成为清华大学教育革命的主要基地，进行阶级斗争、生产斗争和科学实验三项伟大革命运动。"来到这里以后，清华的教职工们才知道，给他们挑中的这块地方，曾经是江西省公安厅创办的一个劳改农场，后因劳改犯全部得了血吸虫病而被废弃掉。

第一批清华大学"五七战士"到达目的地时,已是日落时分。人到了,行李还未到,于是所有人只得挤在被废弃的仓库里,一人拥一条麻袋席地而睡。

从此,这群有史以来平均智力水平和知识水平最高的"战士",在鲤鱼洲真正发挥出"自力更生,艰苦奋斗"的创业精神,几乎是从零开始建设新家园。到后期,清华大学3000名"五七战士"在这里开垦了5000多亩试验农场,甚至已经开始实行机械化耕作,搞得有模有样。其间,这批高级知识分子的付出是巨大的。容文盛也是当年清华大学"五七战士"中的一员,他用文字记录下了当时的场景:

几乎是两手空空来到这里,而这里除了几间破房和一些陈粮之外,就是一大片荒地,所以需要白手起家建设自己的家园。先是修房子,起码做到能挡风不漏雨,再搭起能供睡觉的大通铺,就算解决了住的问题。在自己没种出粮食前,只能吃农场的存粮,由于当地气候潮湿,稻米已经有股霉味。碰上良辰吉日,能吃上从北京带来的面粉做的馒头,就像过节一样高兴。菜也只能吃带来的冬菜、咸菜,没几天就吃厌了。至于肉、蛋之类就别妄想了。有一位工人师傅让家中托人带来了一瓶酱菜,想改善一下口味,没想到挨批了。离农场不远处有一集市,那里的小贩听说来了大学的教师,心想生意来了,于是弄了一箱冰棍来兜售,那么热的天气,一下子就卖光了。第二天,他又来到农场,结果是一根也没售出,只好提着融化了的冰棍水回去。原来那天买过冰棍吃的都挨批了,被认为是不能吃苦的思想反映。

说到穿,则更是简陋,每天十个多钟头泡在汗水里的衣服,不久就变成烂布。在那个凭票购布的岁月,你还能穿什么?只能是再生布。这种布在南昌是劳改队里的犯人常穿的,因此闹出了不少笑话。一位战友在南昌车站送别他的爱人时,心想手表在此处也没用,便交给她带回北京,怎知被民警误以为小偷转移赃物而扣留……

衣、食、住都如此差,劳动强度却十分大,早出晚归,整天背脊朝天。开始谁也承受不了,到晚上简直就直不起腰来,躺下也感到痛不可忍。所以有人"发明"了"反向弯曲法"来补偿，即晚上用枕头把腰部垫起来一段时间，有助于腰部组织伸展，解除疲劳。

不知是什么力量使大家没命地苦干，连来连队指导生产技术的江西老农也说："从没见过像你们这样干活儿的。"也许，这是要向上天显示一下：只要有人能做到的，我们知识分子也不例外。

由于长期没有耕种，芦苇、野草就越发得势。在这儿劳动的内容之一，就是对付芦苇。谁要掉以轻心，庄稼就会被吞没。还有就是要对付老鼠。它们不但吃地里的庄稼、仓里的粮食，还要入侵宿舍，有一回"甘无虑"（人物化名）没洗净脸，熟睡后竟被老鼠在鼻子上咬了一口。"大脚板"（人物化名）弄来一个捕鼠夹子，没想到老鼠竟然带着夹子从窗户向外逃。被惊醒的"大脚板"跳窗追捕，跑了十来步才逮住那可恶的家伙。芦苇和老鼠联军，把旱地庄稼弄得几乎没有立足之地。有一回，我们排种了几十亩大豆，起初还像样子，后来由于忙于水田作物而疏于管理，结果到收获季节根本就找不到豆秧了，眼前只是一片齐人高的芦苇和来回走窜的老鼠。仔细观察才发觉豆秧是有的，不过为了和野草争生存而长成三四米长的藤和野草纠缠在一起，不分你我。那些稀稀拉拉的豆荚也还饱满。最后只好采用卷地毯式的收割法，连野草与豆秧一股脑儿卷起来拉回连队。

在农场除了种粮种菜外，还有大量其他工作，因为许多问题都要靠自己解决，如修路、盖房、饲养家畜家禽、修制农机农具等。人们从习惯了的现代化分工的社会一下子退到去适应一个自给自足的经济模式。处处都看到自己的直接劳动成果，这对于每一个"五七战士"来说，也是一种自我安慰。然而领导者的想法则不尽相同，在他们眼里，物质价值似乎并不重要，劳动加读毛主席的书就是一切，就是改造知识分子的唯一手段，所以无论如何也不能让人们闲下来。有一天，没有多少农活，但又不能放假休息，这就难为了连队的头头。忽然灵机一动，他让大家把准备盖房的几十万块砖挪动十几米远，重新垛起来。这有什么必要，有什么价值呢？答曰："这能锻炼人、改造人，虽无经济价值，但有锻炼价值！"每天，不管多么劳累，天天读是不能丢的,虽然经常出现手拿着"红宝书"集体打瞌睡的局面,但还是雷打不动、坚持不懈。领导常说这儿是教育革命的最前线,但从没有涉及教育改革的活动,这是谁心里都纳闷、疑惑不解的问题,但谁也不会提出一个为什么,因为谁都可以冠冕堂皇地说:"教育革命的核心是改造人,改造我们的教师队伍,这儿是改造思想的最前线,当然就是教育革命的最前线。"这里有一个很响亮的口号,就是"干到底"。

在鲤鱼洲,"五七战士"不知道还能不能回北京,以及什么时候回北京,虽然大家心情很不好,但也拿出了真正过日子的热情,在那里生活。

农场实行军事化管理,人员按连、排、班编制,平时一切活动都像部队那样,吹哨集合,集体行动。不管是教授还是普通教师,几乎无一例外地都投入繁重的体力劳动当中,身体强壮者有身体强壮者的任务,体弱者有体弱者的差事,各尽所能,各尽其力。徐旭常所在的三连,更是以干劲儿足闻名,"抢、拼、练"的精神享誉全农场。因此,徐旭常被繁重的体力劳动折腾得够呛。有一次他写信回家说:"最近平衡不好,希望寄双防滑雨鞋来!"何丽一不用猜就知道,他准是摔跤了,于是赶快买来质量好的雨鞋给他寄了过去。

种田是一项几乎每个人都要参与的劳动,此外,很多人还要承担其他"副业"。比如周力行就被安排去养鸡,还因为闹鸡瘟获了一个"杀鸡贼"的不良名号。徐旭常则当起了"虫倌"。由于农田病虫害十分严重,连队里专门成立了病虫害防治小组,他是小组成员之一。知识分子做学问认真,治起病虫害来也不马虎,徐旭常非常重视这项工作,专门买了有关防虫治虫的书进行自学,还跑到北京大学的农场去取经、交流经验。因此,这个虫倌当得还算不错。

尽管干出了成绩,但教职工们毕竟处于被改造的地位,名义上是农场的主人,实际上只有老老实实接受改造的义务,对农场的各种重大事项只许随声附和,连议论的权利都没有。谁要是发挥积极性提一个建议,如果符合工宣队同志的心意,可能会得一句"改造得好"的夸奖;如果会错了

图6-2 1970年5月徐旭常在江西永新县龙源口

意,就会被扣上抵制、抗拒改造的帽子。更要命的是,到了鲤鱼洲,这帮知识分子被剥夺了看专业书的权利。看小说倒是不被禁止,如果是看学术资料,就会被工宣队责问:"你是什么意思?不好好劳动改造吗?"

如果说这些都还可以忍受,那还有一件事,是大家从一开始就知道,但无从克服的,那就是血吸虫病。早在清华大学挑定这块农场时,南昌滁槎血防站的同志便警告说:"不出3个月,你们就要不断向我们送病号。"果不其然,到了1969年秋天,就有一批又一批的"五七战士"得了血吸虫病。虽然农场也采取了一些防治措施,如普及血防知识、禁止下湖洗澡、下水田时涂抹防护剂等,但这些措施常常流于形式,实施起来有很多不规范的地方,例如涂了防护剂没干就下水田,超过2个小时有效期没有及时上岸补涂等,这都是问题。有时候遇到农忙抢工,便什么都顾不得了。因此,有大批人倒在了血吸虫大军的麾下,到鲤鱼洲两年时间,清华大学近3000人中确诊患病人数就达到了747人。当时,南昌的许多医院都住满了清华大学和北京大学得血吸虫病的教职工。

但是,据一些当年亲身经历过鲤鱼洲劳动改造的人回忆说,当时只有身体里寄生了400条以上血吸虫的人才会被检查出来,很多人,更准确地说,应该是绝大多数人体内都有血吸虫,只不过因为数量少才没有被检查出来。徐旭常也是没有被检查出来的大多数中的一个。

正是因为血吸虫病事件,1971年10月,在毛泽东、周恩来的亲自过问下,参加农场劳动的全部清华大学、北京大学教职工才得以从鲤鱼洲撤回了北京。

两年多的艰辛劳动戛然而止,可鲤鱼洲对于徐旭常的影响却远未结束。回到北京之后,他做了是否感染血吸虫病的皮肤试验,结果显示为阳性，幸好大便中未查到虫卵，病情较轻。当时，曾考虑过用锑剂治疗，但是锑剂毒性非常大，会损伤心脏，徐旭常考虑到自己身体的承受能力，与妻子商量后决定不进行治疗，从此落下了后遗症。此后每年5月，他都要发一次高烧，并连续腹泻1个月，延续了10年之后，症状才逐渐减轻并消失。每年3月底还会流鼻涕、打喷嚏，甚至五官发痒，后被诊断为春季花粉过敏，到了晚年甚至发展到只要一遇冷空气就会出现上述症状，严重影响了他的正常生活与工作。徐旭常晚年不太愿意回忆在鲤鱼洲的这段历史，他觉得，当时比他苦的人多得是，自己遭的罪根本算不得什么。然而，正如何丽一说的那样，"健康一直是他的短板，太短了！"而在鲤鱼洲走了一遭，把这块板子又锯掉了一截。

特别的师生关系

当徐旭常与同事们从江西回到北京，第一批工农兵学员已经进了清华大学。

自"文化大革命"开始，全国各大高校的正常招生制度就被废止，教学完全停顿长达4年之久。1970年3月，北京大学与清华大学联合向中共中央提交《北京大学、清华大学关于招生（试点）的请示报告》，提出了招收工农兵学员的设想。其招生方式为"废除修正主义的招生考试制度，实行群众推荐、领导批准和学校复审相结合的办法"。入学文化条件是"相当于初中以上文化程度"，而有实践经验的工人、贫下中农不受文化程度的限制。学习内容是"以毛主席著作为基本教材的政治课；紧密结合三大革命运动实践，实行教学、科研、生产三结合的业务课；以战备为内容的军事体育课"。同时规定，文、理、工各科都要参加生产劳动，学制根据各专业具体要求分别学两年或三年。1970年6月底，中共中央向全国批转了这份报告，同意两所高校的请示，并要求其他地区参考。同年10月15日，国务院电告各地，全国高校的招生工作均参照此报告执行。因此，

1970—1976年，全国高校基本按照这一办法进行招生。

1970年8月，清华大学开始招收第一届工农兵学员，至1976年，一共招收了6届。但在"文化大革命"初期，清华大学系科建制变动非常大，专业设置变动频繁。1970年招生的系有：精密仪器与机械、原子能、汽车制造、自动化、电力工程、数学力学、建筑工程、水利工程、工程物理等10个系，以及四川分校（无线电工程）、江西分校（试验农场）。之后，各系科名称及专业又经过几次调整。到1975年，全校共有10个系和绵阳分校共52个本科专业，此外，1974年成立的北京大兴农村分校还设有农机、农电、农建和农水4个专科专业。这一年，清华大学又成立了业余大学，设有普通机械、普通电工、自动化、汽车维修、金相热处理、焊接、锻压、铸工、化工设备与原理、环境保护10个专业，学制分为半年、一年或两年不等，每周学习2个晚上、1个下午。学员招收采取自愿报名、群众推荐、本单位领导批准和学校同意的办法。

频繁调整中，原来的动力机械系被彻底拆散，大部队被归入电力工程系。徐旭常所在的燃烧教研组被撤销，进入电力工程系后，他被分配到锅炉教研组。

不管怎样，教学工作得以恢复，还是一件值得高兴的事。面对这批知识水平参差不齐的学生，教师们从实际出发，采取了为工农兵学员补习文化课、恢复基础课教研组、增加系统理论教学时间、简化课程结构与内容等一系列措施，来尽量稳定教学秩序，提高教学质量。

1971年3月6日，清华大学提出《1971—1973年清华大学教学、科研、生产工作规划》（初稿），其中提出"开门办学，大力发展厂校挂钩，根据对口、就近、长期、稳定的原则，建立与校外工厂及科学院等科研单位的全面协作"。厂校挂钩的基本形式是"固定挂钩，互为基地，工厂是学校的生产实践基地，学校是工厂的研制试验基地；工地办学，实行教学、科研、施工三结合；走出去，请进来，开展科研生产协作；设立校外办学点，短期下厂劳动实习"。因此，当时清华大学的教师带着学生到工厂进行实践学习是常有的事。

徐旭常给工农兵学员们讲《燃烧学》科普，带学生到工厂研究锅炉，大部分学员学得比较用心，整体氛围很融洽。不过，有时候也有小摩擦。当时，工农兵学员的任务是"上大学、管大学、用毛泽东思想改造大学"，部分学生以此为依据，对教师很不尊重。有一次，徐旭常带学生进工厂实践，被安排和一位学生同住一个房间，从车间实践回来，徐旭常躺在床上休息，这时，那位学生向他请教问题，他就躺着开始回答。这下学生可不干了，当场发火，质问徐旭常："我站着问你，你怎么躺着回答？"一下子让气氛十分尴尬。直到晚年，徐旭常都记得，"学生里有些很厉害的，要管老师，要批判老师……"

零星的学术活动

"文化大革命"开始后，学校的实验室及仪器设备均遭到了严重破坏，清华大学的科学研究工作基本停止，直到1970年以后，部分教师、工农兵学员才在极端困难的条件下陆续开展了一些零星的科研工作。据1976年统计，整个清华大学从事科学研究的教师占在职教师总数的比重不到10%。

徐旭常从江西回到北京后，接到的第一个学术任务是与电力工程系锅炉教研组的同事们一起编写《沸腾燃烧锅炉》。因为沸腾燃烧锅炉可以烧一般锅炉无法烧的劣质燃料，对于中国这个富煤但以劣质煤为主的国家来说，具有重要的推广应用价值。中国正式开始研究沸腾燃烧锅炉是在1964年，广东茂名石油公司的工人决心要变废为宝，利用油页岩屑来烧锅炉，他们在对国内石油、化工、冶金等沸腾炉广泛调研的基础上，建立了一台小型沸腾燃烧实验炉，后在抚顺石油设计院、清华大学等单位参与下，于1965年年初设计了一台改进版的沸腾燃烧锅炉，同年11月试烧成功。随后的1969年，这种沸腾燃烧炉被推广应用到燃烧京西无烟煤及掺烧50%—70%煤矸石，实践证明，它完全可以胜任。因此在"文化大革命"期间，全国各工业部门及有关科研机构、高校都在积极地研究沸腾燃烧锅炉，以进一步解决这种锅炉在全面推广应用中遇到的实际问题。因为工业上有实际需求，这本书的编写受到了学校的认可与支持，由锅炉教研组统一组织编写。徐旭常研究燃烧基础比较多，因此负责其中第二章"沸腾炉的基本原理"和附录一、附录二的撰写。

在编写这本教材的同时，徐旭常带学生下工厂实习时遇到了棘手的煤粉锅炉爆燃①现象。为了解决这个问题，他们整天在锅炉里钻进钻出，弄得浑身上下到处是煤灰粉尘，但就是找不到有效的解决办法。前前后后折腾了大半年的时间，尝试了各种方法，才缓解了爆燃现象，却一直无法用传统的燃烧原理来解释原因。这次初步的工程实践，让徐旭常进一步意识到，搞应用技术，必须具备基础理论研究的意识和能力，不然在实践中遇到问题后无异于瞎子摸象。这从某种程度上奠定了他后来的科研逻辑与科研方法论。

1972 年 10 月—1974 年 1 月，徐旭常和锅炉教研组的王云山、林灏两位老师，带着一批学生进行煤粉预燃室燃烧器的初步研究。当时，煤粉预燃室还是一种新型的煤粉燃烧方式，同样因为可以燃烧劣质煤而被认为很有发展前途，他们想通过工程实践来证实这一点。经过一年半的努力，他们在北京锅炉厂制造的一台锅炉上安装了自己设计的煤粉预燃室燃烧器，从这台锅炉在湖北化纤厂的实际运行情况看，预燃室燃烧器确实有助于保持燃烧稳定，但是在试验过程中也发现了炉膛冷灰斗四角堆灰和结渣的现象，需要进一步解决。这也是徐旭常第一个重大科研成果的最早实践，这项成果将在 10—20 年后成为我国电站锅炉重要的稳燃技术之一。

经过一系列实践，徐旭常对锅炉燃烧的机理产生了很多困惑，为了解决这些困惑，1976 年前后，他开始关注燃烧基础研究中的数值计算问题。他首先选择了锅炉炉膛辐射传热进行研究，因为这是与我国大型电站锅炉发展的实际需求分不开的。电站锅炉热力计算中，炉膛辐射传热的计算最为复杂，当时传统方法是苏联的零维模型，但零维模型中采用了一些半经验系数，当锅炉容量等级逐渐增大、炉膛形状发生明显变化时，计算结果的准确性将得不到保证。20 世纪 50 年代末，麻省理工学院的霍特尔

---

① 爆燃，炉膛中积存的可燃混合物瞬间同时燃烧，导致炉膛烟气侧压力突然升高的现象。严重时，爆燃产生的压力可超过设计结构的允许值，从而造成水冷壁、刚性梁及炉顶、炉墙损坏。

（Hottel）提出了计算炉膛辐射传热的区域法，但因其层次太多、计算工作量太大而无法得到普遍应用。当徐旭常研究这个问题的时候，国际上出现了一种新的解决方案——基于离散发射的概率模拟方法（蒙特·卡洛模拟法）。徐旭常在深入研究该理论后，觉得这是一个可行的方法，但是其计算量依然是巨大的，如何计算是他当时面临的一大问题。最终，徐旭常找了北京市计算中心。为了工作方便，他有一段时间干脆搬回距离计算中心比较近的家中居住，此前他一直住在学校宿舍。向计算中心申请上机很麻烦，那时家里没有电话，他只得跑到何丽一单位去借，多方沟通之后才能获得一次上机机会。当时北京市计算中心采用的是现在看来性能很差、几个房间大的半导体计算机，运行计算需要操作者先编写程序，每一段自编程序都要在长长的黑纸带上穿孔表示。修改程序则更为复杂，常常要把纸带铺满一地，艰难地逐句寻找需要修改的小孔，然后逐个做人工修补。徐旭常一个人在15平方米的家中摆弄着这些纸带，常常从早晨干到下午两三点钟才吃午饭，有时甚至干通宵。最终，他通过自编程序，在国内首次完成了100兆瓦电站锅炉炉膛辐射传热的三维数值模拟计算，并与实验数据进行了详细对比，取得了很好的一致性。

回顾"文化大革命"这段时期，徐旭常在科研工作受条件限制无法有序开展的情况下，还是因陋就简地抓住一切机会，进行了一些技术上、理论上的探索和实践。那段时间，虽然身体不自由，但思想是不会被禁止的，无论是燃烧器研究，还是燃烧数值计算，"文化大革命"期间的初步探索进一步激发了徐旭常的思考，让他在1978年"科学的春天"来临之后可以迅速地推进到科学前沿，进而取得新的成果。同时，这段时期的研究积累，也基本上奠定了他此后几十年的研究方向。

第七章
把煤烧好

水 到 渠 成

　　1976年,在"文化大革命"进入第10个年头的时候,"四人帮"被粉碎,标志着这场席卷了中华大地每一个角落的政治运动结束了。1977年5月24日,邓小平同志在与王震、邓力群谈话时,对科学和教育、知识和人才发表了自己的看法,他指出,要尊重知识,尊重人才。这是对"文化大革命"时期盛行的"知识越多越反动""知识分子是臭老九"等论断的批驳,为随后教育界、科技界的拨乱反正指明了方向。同年10月5日,中央政治局会议讨论了高校招生工作的文件,10月12日,国务院批准了教育部《关于一九七七年高等学校招生工作的意见》,中断了10年的高校全国统一招生考试制度得到恢复。以此为契机,我国高校的教育与科研工作全面进入了"文化大革命"之后的调整与恢复期。

　　1978年2月,清华大学新招收的800多名1977级新生陆续到校。11月,学校召开全校教研组会议,中心内容是动员教学、科研一线的广大教职工，加速教研组的整顿步伐，推动全校工作大干快上。当年，清华大学校办工厂进行了全面调整，将原来的 16 个生产单位调整为 8 个，约 500 人从生产岗位转到教学、科研岗位。而且从下半年开始，清华大学积极采取措施，促进教职人员的合理流动，以改善教职工队伍结构。

在调整中，原动力机械系从电力工程系分出来，并改名为热能工程系。徐旭常所在的锅炉教研组则在 1979 年更名为热能工程教研组，学科方向扩大为煤的清洁燃烧、两相流、热能利用系统工程。

徐旭常也在这一年被聘为清华大学副教授，当时他已经 47 岁。在此之前，作为一名讲师，徐旭常的主要精力放在了给学生授课与编写教材两个方面。有时候，他也会结合工业生产中的实际问题或者学生的毕业设计，做一些学术探讨与科学研究，或是参加同事牵头组织的科研项目，但总体而言，因为时间与精力的限制，在 1979 年之前，他未能开展系统的科研工作。成为副教授之后，徐旭常的教学任务主要转为指导学生做毕业设计，从而有了较多的时间来从事科研工作。

对于一般人而言，47 岁再开始进行科学研究，已经过了黄金年龄。而且开展系统的科研工作，需要全面考虑研究方向、研究角度、如何利用自身条件与优势实现突破等问题。由于徐旭常身体一直不是特别好，做出杰出成果的可能性看似更小了。

然而，徐旭常不是一般人。早在"文化大革命"期间，尽管条件艰苦，他就已经尝试做了一些科研初探与学术思考，尽管不成体系，但足以在他脑海中埋下一颗学术的种子，静待合适的时机生根发芽。因此，等到"科学的春天"到来之后，他马上进入了科研最佳状态。之前的一系列思考与想法终于有了实践的可能性，这让他异常兴奋。

没过多久，徐旭常展现研究成果的第一个机会到来了。他在 1976 年利用北京市计算中心笨重的半导体计算机完成电站锅炉炉膛辐射传热过程蒙特·卡洛模拟后，整理了一篇完整的学术论文 *Mathematical Modelling of Three-Dimensional Heat Transfer from the Flame in Combustion Chamber*。此时，恰逢第 18 届国际燃烧会议①召开，1979 年 1 月，中国工程热物理学会在全国范围内征集参会论文，徐旭常的这篇文章被选中，成为当年中国工程热物理学会推荐给国际燃烧会议的 6 篇论文之一。最终，有 3 篇入选，作者分别为北京航空学院教授宁榥、天津大学教授史绍熙和清华大学副教授徐旭常。会务组邀请他们 3 人于 1980 年 8 月 19 日在加拿大滑铁卢大学的会议现场宣读论文。这是我国燃烧学研究历史上第一次有这样的待遇。

当时，宁榥教授 67 岁，已经是国内喷气发动机内流与燃烧领域的权威专家，也是中国工程热物理学会副理事长。就是在第 18 届国际燃烧会议上，宁榥建议成立国际燃烧学会中国分会，并在 1982 年当选为中国分会第一任主席。史绍熙教授时年 63 岁，是天津大学副校长兼热物理工程系主任。与他们相比，徐旭常是一个晚辈，能够与两位前辈一同参加这次会议，从一定程度上说明了徐旭常当时的学术研究已经达到了国内一流水平。

赴加拿大参加会议，首先要进行出国申请。在那个年代，这可不是一件容易的工作，需要由系里报到学校，学校再向教育部外事局申请，道道把关，层层审核，哪个环节都有可能被拒。周力行就曾遇到过被拒的情况。

1986 年，周力行计划到德国参加一个学术会议，提交申请后却被学校拦了下来，理由是他在"文化大革命"期间被整得很惨，怕他出国之后就不回来了。后来在系里其他教师的力保之下，经过反复解释，他的德国之行才得以实现。还好，徐旭常没有遇到类似的窘境。1980 年 8 月，由宁榥带队，史绍熙、徐旭常等一行 7 人飞往北美洲。在外期间，除了参加第 18 届国际

图 7-1　1980 年 8 月徐旭常在加拿大渥太华参加第 18 届国际燃烧会议

---

① 国际燃烧会议，The International Symposium on Combustion，由国际燃烧学会（The Combustion Institute）主办，每两年举办一届，是全球范围内燃烧科学领域水平最高、影响力最大的学术会议。国际燃烧学会成立于 1954 年，是国际燃烧界权威性最高的学术组织，1982 年中国工程热物理学会燃烧学分会成为其正式集体会员，并成立了中国分会。

图 7-2 1980 年 8 月徐旭常（左一）和史绍熙在美国哈佛大学访问

燃烧会议，他们还到美国、加拿大的一些高校与科研单位进行了参观考察。

现如今，对于大部分学者来说，参加学术会议更多地被赋予了社交意义，对自己的科研工作有多大的直接推动作用，很难说清楚。但对于当时的徐旭常来讲，情况却有所不同。此次参会，让徐旭常第一次全面了解了国际燃烧研究的最新动向、思路与方法，可谓收获巨大，尤其是进一步坚定了他加强燃烧基础研究的信念。回国后，徐旭常写了一份题为《第十八届国际燃烧会议和在美国、加拿大考察燃烧科学的情况》的详细汇报，现抄录如下：

一、近年国际燃烧科研工作的动向

从出席国际燃烧会议一千零几名代表从事的研究工作和提交的 196 篇论文来看，目前国际燃烧科学的主要研究方向已不同于过去一个时期那样，比较着重于有关航空和宇航的燃烧问题。近年由于能源危机的日益突出和环境污染问题，要求民用工业燃烧设备尽可能改成烧煤以节约燃油，同时还要求降低大气污染，国际燃烧研究的重点又

第七章　把煤烧好

转到烧煤、节油、防止污染等方面了。另外，煤的气化、液化技术的研究，各种火灾的产生、传播和防止也是当前燃烧学的重要研究方向之一。目前国际对燃烧的基础研究已有很大进展，现已开始研究燃烧过程中更复杂的基本问题。例如，对于预混气燃烧的研究（以前主要是研究 H_2+O_2、$CO+O_2$ 等简单成分的燃烧，现正在研究碳氢化合物的复杂燃烧反应，而且 NO_x 形成过程的研究也深入了一步），湍流火焰、爆震理论的研究；液滴、液雾、煤粉气流燃烧过程的研究等。目前燃烧研究的另一特点是由于电子计算机的发展，各种燃烧技术的研究（例如液滴、湍流火焰、煤粉燃烧、流化床燃烧、工业用燃烧室等）都提出了为进行数字计算的数学模型。

二、几个主要科研领域的概况

1. 煤的燃烧

由于能源危机，各工业发达国家的石油日渐短缺，而煤的蕴藏量在世界各地还相当富裕，所以近期解决能源危机最现实的途径是利用煤炭。美国、加拿大近年正大力开展煤的燃烧和煤的气化液化的科学研究，大量拨款资助有关科学研究机构和大学，很重视煤的流化床燃烧（即沸腾炉），并开始研究劣质煤的燃烧及其气化的规律。

几乎所有有名的大学和燃烧研究机构都在研究或开始研究流化床燃烧。例如美国的麻省理工学院、伊利诺伊大学、密歇根大学、西弗吉尼亚大学，还有能源部的摩根城技术研究中心以及加拿大的能源、矿山及资源部的燃烧研究所等都在进行这方面的研究。麻省理工学院已研制出流化床燃烧过程的数学模拟计算程序，并建有两个沸腾炉实验台，现已得到试验验证。伊利诺伊大学机械系赵培之教授和他的研究生，用同位素探测器跟踪含放射性同位素颗粒的空间运动轨迹，研究流化床中颗粒和气泡的运动情况，他们在流化床基础研究中是很突出的。摩根城能源技术研究中心和设立了能源开发研究公司的美国几个大锅炉厂，主要进行流化床燃烧和煤的气化的应用与开发的研究，这些试验基地的规模都较大，投资很多。我们还参观了芝加哥的煤气技术研究所（IGT）。该所设有气、油、煤的燃烧实验室和煤的气化原理试验装置以及 HYGAS，UGAS 的中间试验厂。该所声称中间试验已获成功，准备在 Tennesse 州的 Mainphis 建立一个每天处理 30 吨煤的 UGAS 气化工厂。

除了煤的流化床燃烧和气化研究外，美国很多大学都在研究煤或煤粉的燃烧。在十八届国际燃烧会议宣读有关煤的燃烧的论文约 30 篇，其中有关煤的可燃性研究 4 篇，煤粒和煤粉气流的燃烧研究 14 篇，关于烧煤时的污染、炭黑的形成、辐射传热、燃烧过程的数学模拟、流化床燃烧、煤矿火灾等约 10 篇。在所参观的单位中，伊利诺伊大学航空及宇航工程系 Krier 教授领导的研究组建立了不少煤粉气流的火焰传播速度、点燃原理、挥发份的析出和燃烧实验台，发表了多篇研究报告，在煤粉的燃烧和爆炸基本理论研究方面较为突出。

加拿大能源、矿山及资源部的燃烧研究所在进行以下三方面的工作，即流化床燃烧研究，各种工业炉的燃烧、燃烧器的研究，以及火焰的实验研究。当前工作重点是煤的燃烧，研究目的是：①发展燃烧新技术，使煤粉能有效地替代石油在工业燃烧设备中使用；②使新煤矿的劣质煤能在燃烧煤粉的动力锅炉中获得最佳性能；③促进煤—油混合燃料（COM）的发展，使之能部分替代石油在现有烧油设备中的使用；④加速劣质煤燃烧技术的商业化。关于煤粉燃烧的火焰特性研究的大部分工作是在一个直径为 1 米、长度为 4.25 米的圆筒形实验炉上进行的。该实验炉有 28 个平行连接的吸热段，可以用来研究火焰空气动力学、燃烧效率、火焰辐射、火焰中污染物的生成、轴向热流分布。炉的吸热量可以通过变更冷却水的流动和添加耐火衬层或二者兼用的方法来控制。火焰的长度及形状可用荷兰国际火焰研究中心（IFRF）设计的特殊燃烧器来改变。通过这一燃烧器可以改变围绕中心煤粉管的空气旋流强度，从而改变火焰的形状和尺寸。

十多年前，燃烧理论的研究大部分是气体燃料或成分较简单的液体燃料（如酒精、航空煤油、汽油、柴油等），近来已提出了煤的热解、挥发份燃烧过程、焦炭的燃尽过程的研究报告和它的数学表达式（数学模型）。这次国际燃烧会议的五个邀请报告之一，就是总结煤粉扩散火焰的研究成果及其数学模型。

2. 各种发动机和工业炉

为了使现有工业尽量节约使用能源和控制污染，各国对各种工业炉（包括锅炉）和发动机，研究其燃烧过程和改进措施。在这次国际燃烧会议上，关于内燃机、航空发动机、工业炉（包括锅炉）、沸腾炉、火箭发动机的工业燃烧过程的研究报告有25篇。密歇根大学的内燃机实验室做了大量有意义的实验研究工作。该实验室有十几台各种类型的单缸机，同时为美国各著名内燃机制造公司进行所要求的性能试验和控制污染的研究。参观时我们看到有数台GE（通用电气）、GM（通用汽车）、Ford（福特）等公司制造的内燃机装在台架上做试验。除此以外，他们还进行燃烧过程的基本研究，如用激光多普勒测速仪研究气缸内流动情况以及分层燃烧过程等。麻省理工学院建立了一台在CFR发动机上改装而成的方形截面火花点火实验机。其方形截面由二平行钢气缸壁和二平行石英气缸壁所组成。这样可以在发动机的整个工作循环中用纹影仪观察气缸容积内的流动情况和密度场变化。研究着火过程、火焰核心的发展、火焰的结构以及火焰的传播过程等。

伊利诺伊大学有一套燃气轮机燃烧室实验台，配备有自动燃气成分、温度、速度的巡回检测装置并使用计算机处理数据，现正用来研究燃烧的污染问题。

麻省理工学院Beér教授领导的研究组装设了一台截面约为2米^{2}的实验炉，用来试验各种燃烧器在不同燃料、不同旋流强度等情况下的燃烧特性、流动情况、传热过程、污染程度及其控制措施等。邻近的磁流体发电研究组研究燃烧煤粉用四个喷射器形成强烈湍流而不发生旋流的问题。

芝加哥煤气技术研究所的燃烧实验室装有两台方截面和两台圆截面的实验炉，以前用来试验烧煤气和烧油的燃烧器的，现在开始试验煤粉燃烧器。因为企业化的研究机构经费比较充裕，实验研究工作进行得比较繁忙，也偏重于结构和一般的燃烧性能试验。

3. 火灾的研究

近十年西方国家对房内的失火，森林火灾、煤矿中的煤尘爆炸等问题进行了大量的研究。17届国际燃烧会议就曾邀请进行火灾数学模拟及计算程序编制工作的哈佛大学 Emmons 教授作了专题报告。本届会议上又邀请了英国的火灾研究站 Thomas 博士作火灾数学模拟的特邀报告。这次会议中直接论述此问题的论文共有13篇，对燃烧、流动、传热过程的综合数学模拟的计算结果已和实验情况接近，为火灾的预防和消防做出了贡献。

我们参观了哈佛大学的工程科学实验室，观看了 Emmons 火灾研究组的工作情况。他们在实验室中购置了一座火灾实验小屋，专门做火灾临界条件的实验，并且编制火灾数学模拟的计算程序，现已编制成功第四套计算程序。

4. 燃烧污染的研究

本届国际燃烧会议直接论述燃烧污染的论文有16篇，其中有一篇就是大会特邀加州大学伯克莱分校的 Sawyer 教授所作的"燃烧过程中污染物的形成和消除"的报告。其他方面的报告也常涉及燃烧污染问题，这是各国共同关心的问题。近来对于 NO_x、SO_3、炭黑的形成机理和消除污染措施的研究又比过去前进了一步。

西方各国研究沸腾炉的目的主要是为了减轻 SO_3 和 NO_x 的污染，而我国以前的主要目标是更好地利用劣质固体燃料。目前由于国际能源危机日益严重，西方国家也开始注意沸腾炉燃烧劣质燃料的优越性。美 Foster Wheeler 公司现已开始声称，该公司试烧无烟煤的沸腾炉已经获得成功（我国于1969年试烧无烟煤成功）。

很多单位还进行了降低内燃机排气中有害成分的研究工作。麻省理工学院、伊利诺伊大学、密歇根大学都在做这方面的研究。此外，各大学还利用实验炉等各种实验设备研究改进工业炉、锅炉、燃气轮机燃烧室及其燃烧器燃烧污染物的问题。各工厂的实验研究部门，例如 GE、GM、IGT、B&W、CE、Foster Wheeler 等也都在大力开展这方面的研究工作。

5. 燃烧基础研究和其他

在本届国际燃烧会议提出的196篇论文中，除上述四方面有72篇直接与实际问题有关外，其余有13篇是燃烧测试技术，还有111篇是关于燃烧基础研究。可见，国际燃烧会议对基础研究十分重视，而我国在这方面的工作还很薄弱，必须大力加强。

我们这次着重考察了美国和加拿大的大学以及部分研究单位的燃烧科学研究的情况。由于大学的科研经费有限，远不如专业研究机构和企业的研究部门那样充裕，研究设备较小，人员也较少，但研究人员的素质都很高，大都偏重于基础研究。

例如麻省理工学院的Hottel多年研究燃烧理论及辐射特性；董道义教授研究预混气体火焰传播、点燃理论、有机化合物的火焰传播；Beér等研究流化床燃烧数学模拟，都是属于基础研究并有所贡献。美国西北大学罗忠敬副教授则在液滴和液雾的燃烧方面做了不少研究工作，有不少新的见解。加拿大麦克盖尔大学的李克山教授所领导的燃烧研究组主要从事爆震及爆炸研究。他们在爆震的产生、传播、测量和防止等方面取得了突出的成绩。李克山教授及其合作者H.Matsoi（日本人）共同获得了本届国际燃烧会议的金质奖章，以表彰他们在爆震研究方面所做出的贡献。他的研究组最近几年主要进行了以下工作：乙炔—氧混合气中直接始发球形爆震临界能量的比较研究，电极几何形状及其间隔对直接始发的球形爆震的临界能量的影响研究，气体燃料—氧（或空气）混合气中直接始发球形爆震的临界能量及爆震强度的测量，蒸汽云雾中爆炸的冲击作用研究，在接近爆震极限时初始条件及边界条件对爆震传播的影响。他们还提出了爆震核心及其临界尺寸的新概念。

伊利诺伊大学机械和宇航系在燃烧基础的好几个方面都进行了深入的研究，在这次对几所大学的考察中给我们留下了很深刻的印象。赵培之教授的研究组研究了流化床中颗粒和气泡的运动，苏绍礼教授研究了流化床的气化和燃烧，Kirer和Buckius教授则研究煤粉气流的燃烧和爆震，还有Sorenson、Addy、Strehlow等教授也在研究煤粉的燃烧和内燃机中的燃烧过程及消除污染的措施。

密歇根大学在汽车城底特律的附近，对汽车发动机的燃烧过程研究很突出。该校各种类型的单缸机很多，而且对汽缸内的燃烧现象也做了大量的实验研究工作，为此还设计了多个专门的小型实验台和自制了实验仪器；现在还正在做煤粉火焰燃烧规律的研究。密歇根大学宇航系Nicholls教授等在爆震方面进行了不少研究工作。最近在做在喷雾中圆柱形爆震波的传播，实验是在长度为140厘米的激波管中进行的，另一工作是甲烷—空气混合气中爆震的研究。

这是徐旭常第一次出国交流，从他回国后的总结来看，他在燃烧领域的知识很全面，由此可以窥到他在燃烧领域掌握了比较扎实的基本功。同时也可以看出，徐旭常虽为本土培养的学者，但他一直保持着对国际燃烧学研究前沿的敏感性，这为其在后来的科研道路上成功地融合本土实践经验与国际科学范式打下了良好的基础。

预燃室燃烧器

20世纪70年代末、80年代初，徐旭常在继续进行燃烧的数值模拟研究的同时，还在持续关注他在"文化大革命"期间进行了初步探索的煤粉预燃室燃烧器。至于为什么紧盯着这一研究领域不放，徐旭常曾在一次媒体采访中给出了自己的解释："在调研中，我了解到，发电厂的电站锅炉经常烧煤粉发电容易熄火。发电有个特点，用多少电，就得发多少。多一点不行，少一点也不行。它可不像工厂生产的产品，可以放到仓库里，然后再卖。发电就不行了，多一点就出会问题，汽轮机的转子就超速了。比如，每分钟3000转，周波50赫兹，多一点就成了51周，少一点就变成了49周。无论是49周还是51周，马上就会让用电的工厂发生事故。波动必须控制在很小的范围内。这就好像是纺织机的梭子，来回多少次有规律，多了、少了都会织成废品。那么，麻烦在哪里呢？工厂白天用电多，晚上用电少，差好几倍，我们的锅炉就得跟着调整。要多发电，锅炉烧的煤马上就要增多，一秒钟之内就要上去。要少发电，我们就得减少烧煤量。电站锅炉跟烧暖气的锅炉不一样，白天百分之百地加煤没问题，到了晚上，只加 1/3 或者 1/4 的煤，它就要灭火了。为什么呢？因为电站锅炉周围是用水管冷却的，用常人能理解的概念讲，就是水冷方式。1500℃以上的高温烟气，被冷却后就降到了 1100℃。1100℃就得灭火。什么原因？它烧的是煤粉，不是烧大块的煤。煤粉一凉就黑了。"

大型燃煤电站锅炉普遍采用煤粉锅炉，在那个年代，这种锅炉点火生炉时往往需要大量烧油，把炉膛受热面和其他部件充分烤热，每次点火生炉都需要烧几个小时到几十个小时的油，然后才能转为烧煤粉。此外，煤粉锅炉在负荷降低到额定负荷 70% 以下的时候，燃烧常常会不稳定，甚至出现灭火打炮，因此也常常需要投油来辅助燃烧，以保持煤粉燃烧的稳定性。这种国际上的惯常做法，在国内应用时却面临着现实制约。我国的资源禀赋特点是富煤贫油，石油是比煤炭更为宝贵的资源，当时，重油的价格比煤贵 5 倍以上，有时候，煤粉锅炉点火还要烧柴油，比煤更是贵得多。

徐旭常始终认为，科研工作的最大价值就在于解决工业生产中遇到的那些急需解决的问题。瞄准国家的重大需求搞科研，将成果运用于国民经济发展过程，是徐旭常做科研工作的显著特点。因此，他决心研发一种装置来帮助稳定燃煤电站锅炉炉膛里的火焰，这种装置就是预燃室燃烧器。

尤其是在 20 世纪 70 年代，全球经历了两次石油危机[1]，石油价格暴涨，导致许多国家出现了石油紧张与经济衰退。徐旭常在 1980 年的第 18

---

[1] 1973 年 10 月，第四次中东战争爆发，为打击以色列及其支持者，石油输出国组织的阿拉伯成员国在当年 12 月宣布收回石油标价权，并将国际原油价格从每桶 3.011 美元提高到 10.651 美元，导致了持续 3 年的石油危机，让所有工业化国家的经济增长都明显放慢。紧接着，1978 年年底，当时的世界第二大石油出口国伊朗政局发生剧烈变化，亲美的温和派国王巴列维下台，引发第二次石油危机。恰逢此时，两伊战争爆发，全球石油日产量从 580 万桶骤降到 100 万桶以下，油价随之在 1979 年开始暴涨，从每桶 13 美元增长至 1980 年的 34 美元，这种状态持续了半年多，再次造成西方经济的全面衰退。

届国际燃烧会议上看到，很多发达国家也在积极探索燃烧新技术，让煤粉能有效地替代石油在工业燃烧设备中使用，这更让他坚定了研究煤粉预燃室燃烧器的决心。

煤粉预燃室燃烧器由疏导煤粉气流的旋流室和提供燃烧空间、补给二次风的预燃室两部分组成，其工作流程是：一次风的风粉混合物经轴向叶片旋流器旋转进入预燃室，在室内被卷吸至火焰根部的回流烟气加热并着火。风粉混合物边燃烧边沿着衬壁做螺旋形前进运动，临近预燃室出口时，受旋转的二次风搅拌混合，生成的高温燃烧火炬，送入炉膛继续燃烧直至燃尽。应用这个原理，煤粉预燃室燃烧器可以用很少量的油点燃煤粉锅炉，而且在发电厂调峰运行的低负荷下，可以不投辅助燃烧用油而保持稳定燃烧，从而为发电厂节约大量的油品消耗。

原理虽然简单，实现起来却很难。在当时，煤粉预燃室燃烧器已经是一个在国际上探讨了很久的技术，但一直未能研发出能够商用的成熟产品。1972年，徐旭常也曾和同事、学生与北京锅炉厂合作研制了一台加装了煤粉预燃室燃烧器的锅炉，试验初期确实保持了稳定燃烧，但在试验后期，他们发现，预燃室中发生了严重结渣堵塞，并由此引发爆炸，导致锅炉不能安全稳定运行，因此这个最初的设计以失败告终。

不过，徐旭常既然认准了这是一个既有实用价值又有科研前途的方向，就不会轻易放弃。随后，他带领研究团队进行进一步的实验研究，逐步确定了煤粉预燃室燃烧器的结构要素，并在小型煤粉锅炉上试验成功，但在应用到大容量锅炉或者改变煤种时，还是会出现种种预料之外的问题，经常出现灭火或者炉墙爆裂事故。

主要原因是旋流煤粉在预燃室中燃烧不稳定。按照常规思路，解决办法是加大进风口旋流叶片的倾角，以增大预燃室中气流的旋流强度，扩大中心回流区，这样可以使燃烧更强烈，温度更高，燃烧会更稳定。但是徐旭常注意到，当时他们采用的进风口旋流叶片倾角已经很大了，达到了50°，旋流强度很大，预燃室气流的中心回流区也相当大，可是燃烧依然极不稳定。所以，燃烧不稳定不可能是因为旋流强度不够，肯定另有他因。

徐旭常团队经过反复实验研究发现，燃烧不稳定的真正原因是，煤粉在旋流的作用下因离心力大而被大量甩到预燃室的内壁面上,并堆积在那里引起结渣,严重破坏了预燃室中的流场。所以,不同于大燃烧室中气体和雾状液体燃料的燃烧,在预燃室燃烧器中燃烧煤粉时,不应增大而应减小旋流强度。可这样一来,新的问题又出现了:减小了旋流强度,会不会使气流的高温中心回流区缩小而影响燃烧稳定性?经过多次实验研究,徐旭常团队证实,旋流叶片倾角减少到35°,甚至20°时,弱旋转的气流在预燃室有限的空间中仍是贴着内壁面运动,高温中心回流区并未大幅度缩小,燃烧稳定性很好,而且消除了煤粉结渣现象,因此,采用小旋流强度的方法是合理和可靠的。徐旭常在这些研究成果的基础上,改变了预燃室的结构设计,从而开发出一款新型的煤粉预燃室燃烧器。

1977年,内蒙古乌达电厂在35蒸吨/时电站锅炉上采用徐旭常改进后的煤粉预燃室燃烧器取代原来的普通旋流燃烧器,成功地解决了燃烧不稳定、点火助燃油耗大以及火焰冲击后墙引起爆管等诸多问题。1981年,天津军粮城电厂将8号炉(130蒸吨/时)的两侧墙5号、6号辅助火嘴改为煤粉预燃室燃烧器后,在煤质变化很大的情况下,燃烧仍能保持稳定,而该厂未改装的同容量锅炉就发生了灭火打炮现象。这些实例都有力地证明了煤粉预燃室燃烧器在稳燃方面的优越性,其低负荷稳燃特性为电力调峰、工业调负荷提供了有效控制手段。

根据当时的统计,采用煤粉预燃室燃烧器的电站锅炉,可节省点火用油70%—90%。到1983年,全国已经有几十台电站锅炉装设了煤粉预燃室燃烧器,每年可节油共计约2万吨,折合人民币600万元。在当时,这样的经济效益是相当可观的。

燃烧也有"三高"

煤粉预燃室燃烧器研发成功后,虽然实际问题得到了解决,但徐旭常心中的疑惑并没有彻底解除,因为用当时已有的回流区火焰稳定理论不能解释煤粉预燃室燃烧器中的实际运行状态。

传统理论认为，在烧气体或液体燃料的燃烧室中会形成均匀搅混的高温回流区，用它的高温热容量使绕流此回流区的新鲜可燃气流中产生火焰并用来保持火焰稳定。当时很多人认为，煤粉燃烧也具有类似的特性。然而，经过理论推导，对于煤粉火焰的稳定问题，用上述回流区均匀搅混模型热平衡原理来分析是不成功的。原因是煤粉火焰回流区中的温度很不均匀，在回流区中温度变化很大，从开始靠近来流处煤粉尚未开始着火而接近来流温度，到着火后部分挥发份开始燃烧而逐渐升高温度，直到后期大量可燃物燃烧让温度升得更高。煤粉火焰回流区的中心和边缘，以及开始处和尾部的温度都是不一样的，因此不宜把回流区中的温度折算成某个平均温度。即使对煤粉火焰的回流区勉强采用某种方法折算出某一个平均温度，这种勉强的折算方法也难于推广应用于不同煤种、不同煤粉细度、不同煤粉空气混合比和不同结构的煤粉燃烧设备上。同理，也难以折算出回流区中的平均煤粉燃烧速度。

除了上述理论，当时还有一种单相预混可燃气体中回流区火焰稳定的分析方法，此方法承认在回流区边界附近温度有很大变化，认为在稳定燃烧时回流区和主气流之间存在着一个火焰区，它的温度高于回流区中的气体温度。这种模型对于预混可燃气体的燃烧较为接近实际情况。反复实验测试证明，火焰区确实是在回流区的外边界附近，是气流中温度最高的区域。只有在回流区外边界附近的火焰区中，才能补充进入较多的新鲜预混可燃气体，才有剧烈的化学反应。回流区中央可燃气体浓度很低，气体成分中绝大部分是燃烧后的反应产物，此区域中燃烧反应较弱。然而，这种火焰稳定分析方法也难以应用于煤粉火焰，因为它需要将煤粉火焰回流区的中央部分近似地认为接近于某个平均温度。实际上，煤粉从开始着火后温度是不断升高的，煤粉气流在刚着火时只是析出一部分挥发份参与燃烧，然后逐步有更多挥发份燃烧，而且即使大部分挥发份燃烧后的煤粉气流的温度也不是完全燃烧时的理论燃烧温度。煤粉火焰温度还会随着煤粉焦炭的燃烧程度逐渐变化，所以难以折算出某个平均的煤粉火焰温度。如果把这种火焰稳定分析方法应用于煤粉火焰，就要折算出这些难以确定的平均参数,这回避了分析研究煤粉火焰中实际存在的复杂的煤粉燃烧过程,即回避了对煤粉颗粒的高速加热、升温和快速热裂解的分析和计算,也未讨论固体焦炭粒和气体的异相化学反应速率,未涉及气固两相流的特点,未计算火焰区和周围的辐射传热及焦炭粒逐渐燃尽和释热所引起的火焰温度变化。徐旭常认为,过分的简化只是转移了矛盾,并未得出有助于煤粉燃烧设备工程设计或运行分析的煤粉火焰稳定原则。

正因为对已有理论的解释力度不满意,徐旭常决定自己动手,亲自算一算。在大量实验基础上,他和团队尝试对预燃室燃烧器中的煤粉燃烧过程进行数值计算,从而进一步分析使煤粉火焰稳定的原理。

在徐旭常团队的计算模型假设中,他们试图将此前被过分简化了的煤粉运动过程尽量地还原于真实情况。他们认为,煤粉颗粒在进入预燃室旋流叶片时浓度和颗粒大小是均匀分布的,但是在经过旋流叶片时要受到叶片中气流旋转的离心作用,因而在离开叶片、进入预燃室时,浓度和颗粒大小的分布已经是不均匀的了,再继续和气体一起在预燃室中迅速升高温度,并受到气体旋流和回流的影响,颗粒的运动将更为复杂。数值计算中,他们还考虑了颗粒在气流中的湍流扩散。通过计算,他们得到了不同尺寸的煤粉颗粒在预燃室中运动的主轨迹,其中,大部分颗粒约经0.015秒就升到1000—1250℃,挥发份析出20%—80%,这是非常有利于迅速着火的。0.03秒后,颗粒温度短暂地降低约200℃,不久就又迅速升温,这是预燃室出口处补充进来的、为使煤粉完全燃尽的、温度不很高的二次风造成的。此时,煤粉颗粒的挥发份已接近全部析出,所形成的焦炭粒也已开始燃烧,所以颗粒虽短暂降温,但是仍处在约1000℃的高温下,又得到了新补充的氧气,因而继续产生剧烈的燃烧反应,迅速地使温度回升。随后的验证试验表明,他们的计算结果是和实验结果一致的,这说明,他们的计算模型很好地模拟了真实的燃烧过程。

从煤粉预燃室中燃烧过程的数值计算结果得到启发,徐旭常提出了著名的"煤粉燃烧稳定性三高区原理",即在燃烧设备中使煤粉火焰稳定的原则应该是:合理组织气固两相的煤粉气流,使煤粉迅速进入燃烧室中的高温、有合适氧浓度的区域,并使煤粉和携带它的气体局部分离,形成局部集中的高煤粉浓度、高温、合适氧浓度的煤粉着火有利区，简称"三高区"。

徐旭常指出，在结构合理的煤粉预燃室燃烧器中，煤粉颗粒从旋流叶片出口射出后，在离叶片出口不远处会形成一个煤粉浓度比较集中的区域，之所以会如此，是因为一次风旋流强度较小，煤粉比气体有较大的轴向运动惯性，和气体有相对的滑移和分离，从而在高温回流区边缘附近集中，其浓度比主气流中的煤粉平均浓度高得多。因为这个高温和局部高煤粉浓度的区域在回流区边缘，和新鲜来流比较接近并有着比较合适的氧浓度，煤粉颗粒在这里迅速被加热、升温，很快析出挥发份并着火燃烧，因而成为稳定的煤粉着火有利区，即"三高区"。徐旭常认为，在燃烧器中有意识地组织气流结构，使能形成"三高区"，是保持煤粉火焰稳定的重要原则。在分级送风的旋流式煤粉预燃室燃烧器中，煤粉颗粒经过"三高区"着火之后，又将迅速分散开来，并能补充得到氧气，这将有利于煤粉的完全燃烧。

图7-3　1983年8月徐旭常参加北京沸腾炉会议并作报告

航模玩出新高度

有了自己的新理论作支撑，徐旭常研究燃烧器的底气更足了。当时，他觉得煤粉预燃室燃烧器还不够理想，它只适用于墙式燃烧锅炉，要找到四角燃烧锅炉的燃烧稳燃器，需要继续开展实验研究。在"煤粉燃烧稳定性三高区原理"的指导下，又进一步发明了"火焰稳定船式直流煤粉燃烧器"，因为它的核心部件外形和船有点像，被叫作"船形体"，这款燃烧器

第七章　把煤烧好　　*115*

也因此被简称作"船形燃烧器"。

至于为什么选择这个形状，其中还有一段小故事。在徐旭常研究新型煤粉燃烧器的时候，北京航空学院一个叫高歌[①]的青年教师，受沙子被风吹成半月形的沙丘启发，研发出了一款应用在航空发动机系统里的沙丘驻涡火焰稳定器，用来烧气体、液体燃料，对于稳燃、加强燃烧都有很大的好处。徐旭常在研究了它的原理后，就在思考，能不能将其应用在煤粉锅炉的气固两相状态下呢？大概在1984年前后，徐旭常开始进行相关的实验。当时，蒋绍坚正在跟着徐旭常读研究生，亲眼见证了徐旭常心中理想燃烧器的最初模样，结果却让他大跌眼镜。原来，徐旭常最初给蒋绍坚的船形燃烧器模型是用纸板和胶水糊出来的。这个模型两个侧面呈一定角度向外张开，顶部呈弧形，怎么看都像个比较大的帽子。徐旭常后来回忆说，之所以做这个模型，还是因为小时候在上海时常玩航模，当时他非常喜欢航模，但家里条件有限没钱买，于是就学着自己动手做。没想到的是，几十年之后，这门手艺还有重见天日的时候，而且还玩出了新高度。模型做出来后，徐旭常让蒋绍坚帮他画出加工图，并联系厂家制作。当时，加工图是在坐标纸上画的，画的时候把顶部的弧形定成了抛物线。制作阶段，他们先找北钢金工实习厂的师傅做了木模，木模制作过程中又对尺寸进行了部分修改，最后在昌平的一家工厂里完成浇注，才有了后来定型的船形体模样。

随后，为了进一步了解在船形燃烧器复杂的气固两相流场中煤粉颗粒的运动和弥散规律，徐旭常带着团队采用多脉冲激光全息技术拍摄了燃烧器中冷态气固两相流的煤粉颗粒运动情况，采用薄片状脉冲激光摄影技术拍摄了燃烧器出口后燃烧室中冷态气固两相流中的颗粒群分布情况，并在实际测得的船形燃烧器湍流气体流场中做了颗粒运动的受力分析和跟踪颗粒作冷态轨道运动的数值计算。最终他们发现，船形燃烧器的稳燃特性是符合"煤粉燃烧稳定性三高区原理"的。船形燃烧器之所以能使煤粉气流稳定着火燃烧，是由于煤粉气流在一次风道内流过放置在喷口内的船形体

---

① 高歌，中国工程热物理及流体力学专家，其1981年发明的沙丘驻涡火焰稳定器曾应用于多种型号喷气发动机中，具有低阻、高稳的突出特性，提高了发动机的推力。

时，形成了一个很短的回流区，而喷出一次风口的气流形成结构独特的束腰形状，因为煤粉颗粒和气体的惯性不同，它们从一次风口喷出后按不同轨迹流动，即煤粉颗粒不随气体作相同的束腰状流动，而是在束腰部的外缘形成煤粉浓度较高的局部区域，此区域正好处在气体温度高达900—1200℃并具有适合氧浓度的位置，即形成了"三高区"，使得煤粉气流迅速着火。而煤粉在此区域着火后继续向前运动时，正好束腰形气流又逐渐扩展开来，不断和已着火的煤粉颗粒进行湍流混合并供给燃烧所需氧气，此后又能补充得到和一次风喷口隔开一定距离的二次风口送来的空气，这正符合分级供风燃烧的原则，有利于煤粉在稳定着火后逐步燃尽。

1985年11月，云南巡检司发电厂实际应用了第一台船形燃烧器，随后，在辽宁发电厂推广应用了第二台。运行结果表明，这款燃烧器的稳燃效果非常明显，因此很快便被广泛应用到了我国电力部门各种不同型号的煤粉锅炉上，单台锅炉额定出力大至1000蒸吨/时（配300兆瓦发电机组），小至35蒸吨/时（配6兆瓦发电机组），所烧煤种涵盖褐煤、烟煤、贫煤、劣质烟煤、劣质贫煤以及部分无烟煤，在煤种变动和负荷变动下均

图7-4　1989年徐旭常进行船形燃烧器流场测量（来源于徐旭常院士追思会资料）

保持了良好的煤粉火焰稳定性。

在最初推广的 10 年中，船形燃烧器成功地应用到了国内 18 个省（区、直辖市）的 64 个火力发电厂的 125 台不同型号煤粉锅炉上，总蒸发量达到 4 万蒸吨/时，每年可为国家创造超过 1.5 亿元的经济效益（见表 7-1）。

表 7-1　船形燃烧器的早期推广应用情况（截至 1995 年）

发电厂名称	单台锅炉出力（蒸吨/时）	单台发电容量（兆瓦）	应用台数	开始使用日期（年）	特点	年经济效益（万元）
云南巡检司电厂	130	25	4	1985	褐煤	21
辽宁发电厂	200	50	5	1985	烟贫煤（原设计烧烟煤，现可变动 ΔV_{daf}=15%）	720
贵州清镇电厂	150	30	2	1987	烟煤	
江西九江电厂	400	125	2	1988	烟煤（乏气送粉）	
四川白马电厂	130	25	2	1988	贫煤（原设计烧烟煤）	30
四川白马电厂	75	12	4	1989	贫煤（原设计烧烟煤）	
重庆电厂	670	200	2	1988	无烟煤（调峰不投油低负荷可达 70%）	316
四川华莹山电厂	410	100	2	1989	烟煤	
四川华莹山电厂	220	50	1	1989	烟煤	
四川江油电厂	220	50	2	1989	贫煤	
辽宁辽阳电厂	75	12	1	1989	劣烟煤（热风送粉，调峰不投油低负荷可达 50%）	
辽宁鞍山电厂	130	25	1	1989	烟煤	
江西景德镇电厂	220	50	2	1989	劣烟煤	48
江苏扬州电厂	670	200	1	1989	烟煤	
天津军粮城电厂	670	200	2	1990	烟煤（调峰不投油低负荷可达 50%）	724
安徽淮南田家庵电厂	400	125	2	1990	烟煤	
安徽淮南田家庵电厂	130	25	1	1991	烟煤	
安徽淮南洛河电厂	1000	300	2	1990	烟煤	885
河北邢台电厂	670	200	4	1990	烟煤（乏气送粉）	
浙江杭州半山电厂	400	125	2	1990	烟煤	
浙江杭州半山电厂	200	50	1	1991	烟煤	

续表

发电厂名称	单台锅炉出力（蒸吨/时）	单台发电容量（兆瓦）	应用台数	开始使用日期（年）	特点	年经济效益（万元）
辽宁锦州电厂	670	200	3	1991	烟煤	183
云南普坪村电厂	410	100	1	1991	烟煤	
安徽淮北电厂	670	200	2	1991	烟煤	
广西来宾电厂	420	125	2	1991	烟煤（乏气送粉，调峰不投油低负荷可达50%）	518
江西贵溪电厂	420	125	1	1991	烟煤	
广东番禺市头糖厂	130	25	1	1991	贫煤	
广东番禺市头糖厂	75	12	1	1991	贫煤	
广东番禺市头糖厂	65	12	1	1991	贫煤	
河北唐山陡河电厂	670	200	4	1991	烟煤	
江西分宜电厂	180	30	1	1991	劣烟煤	
广东紫坭糖厂	65	12	3	1991	贫煤	
海南海口电厂	400	125	2	1991	烟煤	
安徽铜陵电厂	400	125	2	1991	贫煤	
山西太原第二热电厂	220	50	3	1991	烟煤	
广西合山电厂	300	75	1	1992	劣质贫煤（调峰不投油低负荷可达50%）	
广西合山电厂	410	100	1	1993		
广西合山电厂	130	25	1	1994		
江苏徐州电厂	670	200	2	1992	烟煤	
山西娘子关电厂	420	100	3	1992	无烟煤（调峰不投油低负荷可达60%）	
山东黄岛电厂	420	100	1	1992	贫煤	
河南丹河电厂	410	100	1	1992	贫煤	
广东梅山电厂	130	25	1	1992	烟煤	
广东广州人民造纸厂	35	6	1	1992	烟煤	
河北唐山碱厂	130	25	1	1992	烟煤（乏气送粉）	
辽宁大连开发区电厂	130	25	2	1992	烟煤	
安徽马鞍山电厂	420	100	2	1992	贫煤	

续表

发电厂名称	单台锅炉出力（蒸吨/时）	单台发电容量（兆瓦）	应用台数	开始使用日期（年）	特点	年经济效益（万元）
安徽合肥电厂	420	100	2	1992	烟煤	
安徽贵池电厂	220	50	1	1992	烟煤	
北京市第一热电厂	400	125	1	1992	烟煤（乏气送粉）	219.8
四川涪陵816厂	130	25	2	1992	贫煤	
四川涪陵龙桥电厂	130	25	2	1992	贫煤	
山西太原钢厂	130	25	1	1992	烟煤	
广东中山糖厂	65	12	2	1992	贫煤	
广东中山电厂	220	50	1	1992	贫煤	
广东广州石化厂	220	50	2	1993	烟煤（乏气送粉）	
河南濮阳电厂	220	50	1	1993	无烟煤	
山东潍坊碱厂	130	25	1	1993	烟贫混煤	
安徽宿县电厂	130	25	1	1993	劣烟煤（风扇磨）	
广西宜山维尼纶厂	35	6	1	1993	劣烟贫煤	
广西上林电厂	65	12	1	1993	劣烟贫煤	
广东新会双水电厂	130	25	1	1993	贫煤	
广东东莞糖厂	130	25	1	1993	贫煤	
广东东莞糖厂	35	6	1	1993	贫煤	
山西太原第一热电厂	1025	300	2	1993	烟贫混煤	
河南郑州电厂	670	200	2	1993	贫煤	
山西铝厂	220	50	1	1993	烟煤	
山东青岛碱厂	65	12	1	1993	烟煤	
内蒙古根河电厂	130	25	1	1994	褐煤（风扇磨）	
江苏戚墅堰电厂	670	200	2	1994	烟煤	
河南开封电厂	400	125	1	1994	贫煤	
山西永济电厂	220	50	1	1994	烟煤	
山西大同第一电厂	220	50	1	1994	烟煤	
河南安阳电厂	410	100	1	1995	鹤壁贫煤	
河南新乡电厂	670	200	1	1995	焦作贫煤	

加装船形燃烧器的煤粉锅炉,不仅火焰稳定明显提高、不投油低负荷能力明显增强,而且还有一个意外的收获,那就是氮氧化物排放量也明显降低了。比如,1992年北京第一热电厂7号锅炉用这种燃烧器进行了改造,7年后的1999年,北京市环境保护局主持同类锅炉对比测试,结果显示,这台锅炉的氮氧化物排放量比相同型号但没有加装船形燃烧器的锅炉低34.5%;北京首钢电厂3号炉一次风喷口均采用船形燃烧器后,排烟中氮氧化物减少了50%以上。众多应用实践表明,船形燃烧器具有优良的氮氧化物减排性能,一般能减排30%—60%。

大量实验研究和理论分析揭示了船形燃烧器这一特殊性能背后的原理。在船形燃烧器创造的"三高区"内,首先发生的是燃料氮向氮氧化物的转变,而由于该区域内氧气浓度适量且较低,除少部分含氮基被氧化形成氮氧化物外,还有大部分含氮基存在,所以当氮氧化物形成后,又会在亚氨基和氨基作用下还原成氮气。因此,在"三高区"内氮氧化物首先以非常快的速度形成,达到某个极大值后又迅速被还原。正是因为在这个环节有相当部分的燃料氮转变成了氮气,让整个燃烧过程的氮氧化物生成量大幅度减少。因而,船形燃烧器在我国开创了既有良好煤粉稳燃效果又能减少氮氧化物排放的煤粉燃烧技术路线。

更为重要的是,船形燃烧器改造费用并不昂贵,火力发电厂想要获得这一低氮氧化物排放燃煤技术,几乎不需要增加额外投资。1994年,徐旭常曾经算过一笔账:一台采用切圆燃烧方式直流燃烧器的670蒸吨/时煤粉锅炉共携带一次风煤粉喷口16个,为把它们改造为船形燃烧器,需加装16个船形体,每个价格为2000元,共需3.2万元,再加上施工费和技术转让费,燃烧器改造费用不会超过20万元。在当时,发电厂购

图7-5 1989年6月9日徐旭常在清华大学热能工程系实验室工作

置一台 670 蒸吨／时煤粉锅炉的散件出厂价约为 5500 万元，建设成整套锅炉装置约需 1.1 亿元。将一台 670 蒸吨／时锅炉的原有煤粉燃烧器改造成船形燃烧器的费用，只占原锅炉出厂价的 0.36%、整套锅炉装置成本的 0.18%。又因为船形燃烧器具备稳燃节油性能，可以为发电厂节省大量的燃油支出，这点儿改造费用在几个月之内就能全部收回。

缘于此，1999 年在北京申办 2008 年奥运会成功后，公布的第一批 12 项环境保护措施中，就包含在全市范围内推广应用船形燃烧器。

"剽窃"风波与坎坷院士路

图 7-6　1984 年煤粉预燃室燃烧器获得国家发明三等奖

图 7-7　1989 年船形燃烧器获得国家发明二等奖

煤粉预燃室燃烧器与船形燃烧器在工程实践中的成功应用，充分证明了"科学技术是第一生产力"，也充分说明了徐旭常对科研工作的准确把握能力。

因为在工业实践中取得了突出成绩，煤粉预燃室燃烧器在 1984 年获得了国家发明三等奖，1985 年，"预燃室节油技术在火电厂燃煤锅炉上的推广应用"获得国家科技进步奖二等奖。船形燃烧器在 1989 年获得国家发明二等奖，并获得了当年世界知识产权组织和中国专利局颁发的发明创造金奖。

但谁也不会想到，因为科技发明而获奖，还给徐旭常带来了意外的麻烦。1984年，获得国家发明三等奖的消息刚刚公布，便有人向清华大学党委投去了举报信，举报人在信中称，徐旭常剽窃了他的研究成果，早在徐旭常团队在北京锅炉厂研制第一台煤粉预燃室燃烧器之前，他便已经进行了相关实验并取得了成果，徐旭常的煤粉预燃室燃烧器对其进行了抄袭与复制。事情发生后，何丽一很紧张，曾追问过徐旭常是否涉嫌抄袭，徐旭常很坦然地回答道："肯定没有。"

很快，徐旭常向清华大学党委提交了一封针对此举报的答复信，详细说明了煤粉预燃室燃烧器的原理及研发过程，并指出了举报信的漏洞：

> 质询人在实验研究第四阶段结束（1973年12月）之前，煤粉预燃室喷嘴的结构远没有改进，不同于本发明权项。此报告中承认："对喷嘴结构……方面进行了摸索，但没有达到预想效果……试验十六次……没有达到连续稳定造气的目的。"此后，他们了解了我们的第一台煤粉预燃室燃烧器的发明权项的成功经验。质询人在第五阶段试验（1974年4月起）改进了"原预燃喷嘴结构，由割向进风改为旋流叶片及环缝进风……试验有了较大进展，达到连续稳定运行。"结构形式才和1973年已试验成功的本发明权项有所接近。在质询书附件的总结报告第三部分的专题总结之三的第2页中，质询人自己也写明：第五阶段试验因原预燃喷嘴"燃烧不稳定……所以参照清华锅炉教研组和北锅试调组所制的一种喷嘴，对原有喷嘴结构做了根本改动。"（注：质询人不属于北锅试调组）所以，采用了别人的成果而发展的，恰恰正是质询者本人，还要求享有此项技术的发明权，实是颠倒黑白。

因为是无中生有，这次举报后来也就不了了之了。虽然在答复信中，徐旭常的措辞稍显激进，但这场"剽窃"风波对他的科研态度没有产生什么不良影响。在徐旭常看来，报奖、获奖其实没那么重要，当初进行这项研究时可没想这么多，只是因为心中对学术、对科研的兴趣，以及对国家需求的响应，驱使着他去进行这项工作。至于有了成果以及后期获奖，那

图 7-8　1996 年 10 月 17 日徐旭常获何梁何利奖后在家中摄影留念

都是水到渠成的事。徐旭常曾经反复对何丽一表达过自己对做科研与获奖的看法："如果说一定要出成果、要获奖，那么私心太多，反而搞不好。"如果用一个词来概括徐旭常的治学与科研态度，那就是"心无旁骛"。与之相对应的，是他对治学与科研之外的事情都不太上心。

正是因为这种不上心，到后来评院士时，徐旭常同样不是一帆风顺。

当时，清华大学热能工程系的领导班子认为，系里如果能够增加一位院士，对于学科建设与科研推进都是有莫大的好处，而徐旭常是最适合的参评人选，因此推荐他参选。中国工程热物理学会作为徐旭常参选工程院院士的提名单位，在 1994 年曾很精练地总结了他在那段时期的主要科研成就：

> 徐旭常多年来从事热能工程、锅炉、燃烧及污染控制的工程技术研究和教学工作。结合我国的能源工业的实际需求，他研究改进了煤粉燃烧和流化床燃烧设备。近二十年来着重研究解决大型电站煤粉燃烧技术中的困难问题，做出的重要贡献有：发明创造了煤粉预燃室和

带火焰稳定船的直流煤粉燃烧器（创造了每年一亿五千万元的经济效益），分别获得了国家三等和二等发明奖，联合国世界知识产权组织和专利局的发明创造金奖（这是从全国五年内共三万多个批准的专利中评出的十项金奖之一）。1988 年被国务院评为中国青年有突出贡献的专家。他共获得国家和省、部、委等奖励 19 项（其中 9 项为第一获奖人）。近年来他又开始研究与煤燃烧有关的大气污染的治理，工作又有新的苗头。目前承担了国家科技攀登计划的研究项目"煤和石油的高效率低污染燃烧过程的基础研究"中煤粉燃烧有害产物的生成机理及其控制的研究。

徐旭常同志现在担任国际燃烧学会的论文评审委员会委员和中国分会副主任，并担任日、美、中国际合作研究（日本 NEDO）项目的中方负责人。

客观上来说，凭这些成绩，徐旭常是具备了参评院士的资格的。但是因为他自己对这件事不太上心，系里让他申报，他就申报，报完了就继续做自己的事，再没有进一步争取的动作，因此在院士路上也算经历了一波三折才抵达终点。他曾经向科学院申请 2 次，向工程院申请 2 次。前 3 次都没有成功。何丽一跟他开玩笑说："这就跟评奥斯卡一样，得了奥斯卡奖是挺好的，但是提名也很光荣。"他也不恼，依旧安安静静地做自己的科研工作。

直到 1995 年，徐旭常第二次参评中国工程院能源与矿业工程学部院士，才终于获得成功。不过，他自己依然是很平静的，回家跟妻子"报告"一声，算是对这件事有了个交代，和此前 3 次申报没有成功时的情形并无二致。

第八章
跨界者

走在时代的前面

近年来,因为全社会对雾霾天气的关注,防治大气污染已经成为万众皆知的重要工作。但是在20世纪80年代初期,全国的工作重心是进行经济建设、促进工业发展,别说是颗粒物了,即便是二氧化硫、氮氧化物这些会造成酸雨的大气污染物,也还没有受到足够的重视。

当然,这是对普通大众而言,对于那些走在时代前面的科研工作者来说,这些问题已经进入了他们的视野,徐旭常便是国内较早关注到燃煤污染的学者之一。20世纪80年代初,他就意识到煤燃烧大量排放二氧化硫和氮氧化物是一个严重的问题,经常呼吁必须及早开展大气污染防治方面的研究工作。

姚强是徐旭常在1983年招收的硕士研究生之一,他后来在回忆自己与导师的点滴时,曾经提到过一件让他很不解的事情,那是在1985年下半年,姚强读研究生的最后一年,西安交通大学邀请了美国明尼苏达大学的一位学者来国内做讲座,讲的是气溶胶① 相关知识,徐旭常安排他去听。姚强很困惑,因为他的研究方向是预燃室燃烧器理论计算,与气溶胶完全不相干,当时他甚至都不知道气溶胶是个什么东西。徐旭常也没有告诉他更多,只是让他去,他就去了。万万没有想到,20多年后当姚强再次回到清华大学,在徐旭常指导下进行化石燃料燃烧排放PM2.5源头控制技术的基础研究时,研究对象正是气溶胶。时至今日,姚强仍然不清楚自己的导师怎么会那么早就开始关注这个问题。

从后来徐旭常的科研习惯来看,每当他决定进入一个新的研究领域,都至少已经观察与思考了10年左右的时间。如此算来,他在20世纪80年代开始关注到燃煤污染中的颗粒物排放问题,是可能的。

当然,在大家普遍没有重视到燃煤污染物排放问题的时候,研究PM2.5太过于超前。徐旭常觉得,首先需要进行的,是对燃煤污染物中危

图8-1　1990年徐旭常(第一排左五)参加西安交通大学氮氧化物测定仪低污染燃烧鉴定会

---

① 气溶胶,由固体或液体小质点分散并悬浮在气体介质中形成的胶体分散体系,其分散相为固体或液体小质点,大小为0.001-100微米,分散介质为气体。液体气溶胶通常称为雾,固体气溶胶通常称为雾烟。

第八章　跨界者　　*127*

害更大的二氧化硫和氮氧化物进行脱除研究。

当时，徐旭常虽然关注到了这些问题，但并没有掌握相关专业知识。不过这对于徐旭常来说算不得"鸿沟"，他马上购买了相关书籍，自学污染防治与环境保护方面的知识。另一个困难是，由于相关研究比较超前，不易申请到项目经费，但这也难不倒他，这个研究领域申请不到资金，他就想办法借用研究燃烧技术的经费，并和课题组成员商量是否可以少发一些奖金，通过种种办法筹措资金支持进行减少大气污染的实验研究。

兵来将挡，水来土掩。终于，徐旭常率领他的课题组，在实验室自行设计建造了几个实验台架，开始了湿式液柱法烟气脱硫、炉内喷钙和增湿活化半干法烟气脱硫、中温烟气循环流化床干法脱硫等的研究，不仅搞清楚了各种脱硫技术路线的机理，还得到了工程设计所需要的关键数据。

图 8-2　1996 年 5 月徐旭常（左）查看清华大学热能工程系烟气脱硫实验台

正是由于这些早期的前瞻性研究和成果积累，徐旭常的课题组从 1999 年开始，连续主持了四项"国家重点基础研究发展计划"（"973 计划"）项目（表 8-1），有力地推动了我国燃煤污染防治的基础研究工作。这是那些想走捷径的科研工作者难以想象的巨大荣誉和机遇。

表 8-1　徐旭常团队主持的国家重点基础研究发展计划（"973 计划"）项目

项目编号	项目名称	起止时间（年）	金额（万元）	首席科学家
G19990222	燃煤污染防治的基础研究	1999—2004	3700	陈昌和
2002CB211600	燃烧源可吸入颗粒物的形成与控制技术基础研究	2002—2007	2500	姚强
2006CB200300	燃煤污染物干法联合脱除的基础研究	2006—2010	2809	陈昌和、郑楚光
2013CB228506	化石燃料燃烧排放 PM2.5 源头控制技术的基础研究	2013—2017	3600	姚强

将时间推回到 20 世纪 90 年代，彼时，我国出现了大面积的酸雨污染，以硫酸型酸雨尤为典型，治理煤炭燃烧过程中的二氧化硫排放显得尤为迫切。但在 2000 年前后，我国的燃煤脱硫设备全部引自国外，主要是来自德国和日本的技术。自从 1992 年华能珞磺电厂首次从日本引进燃煤电厂脱硫装置，到 2001 年末，我国从国外引进并投入运行的湿法烟气脱硫装置总共有 8 套。当时，湿法脱硫的设备投资接近 2000 元 / 千瓦，差不多相当于发电厂投资要增加 30%，给电力企业带来了巨大的经济负担。这是徐旭常决定开发脱硫装置的最直接原因。

图 8-3　2000 年 3 月 28 日徐旭常在沈阳与定方正毅在烟气脱硫除尘集成技术示范工程前

第八章　跨界者

图 8-4 2001 年在清华大学试验电厂建成半干法循环流化床烟气脱硫工程示范装置

为了打破脱硫设备非国外技术不能采用的信条，徐旭常决定在前期的实验室研究基础上，进一步组织工程示范研究。可是，当初做实验室研究时便缺乏资金，如今做工程示范，所需资金量更大，筹措资金依然是徐旭常面临的难题之一。幸好，在项目开展过程中，徐旭常团队得到了日本东京大学教授定方正毅等学者的大力支持。在国际友人的帮助下，清华大学的脱硫工程示范项目成功申请到了日本有关单位的经费资助。1999 年，在辽宁沈阳化肥总厂，他们建起了第一台有中国自主知识产权的燃煤锅炉湿法烟气脱硫装置。2000 年，"新型液柱烟气脱硫除尘集成技术"通过了教育部组织的科技成果鉴定。后来，徐旭常又带领课题组同事继续研究半干法烟气脱硫技术和干法烟气脱硫技术。2001 年，建在清华大学试验电厂的半干法循环流化床烟气脱硫工程示范装置取得了良好的试验结果，从而让徐旭常团队掌握了该技术的运行规律。后来，该项目也通过了教育部组织的科技成果鉴定。

工程示范取得成功之后，清华大学控股企业清华同方公司将他们的技术在全国范围内进行了大规模推广应用，截至 2017 年，液柱湿法烟气脱硫技术应用的最大机组为 330 兆瓦，半干法循环流化床烟气脱硫技术应用的最大机组为 100 兆瓦。这些工业应用，为我国拥有自主知识产权的技术在国内脱硫市场占有一席之地做出了贡献。而更为重要的是，因为我国具备了开发相关设备的技术实力，在引进国外技术的过程中，便有了谈判砝码，极大地促进了进口设备价格的下降。目前，国内发电厂脱硫装置成本已经降到 200 元 / 千瓦以下，不足 20 年前的十分之一。

到了 21 世纪初，徐旭常觉得国内已经基本攻克并掌握了燃煤过程中的二氧化硫与氮氧化物排放控制技术，这个时候，他慢慢将精力更多地投入可吸入颗粒物防治问题上。差不多在同一时期，重金属污染也进入了他的视野，他开始指导课题组里的年轻学者从事重金属脱除方面的研究工作。

成为土壤改良专家

在众多的燃煤烟气脱硫技术中，石灰石—石膏湿法以其稳定、高效等优点成为世界上最成熟、应用最广泛的脱硫工艺，占全球实际应用的脱硫工艺的 92% 左右，在我国也不例外。但是，这种脱硫工艺会产生大量的副产物——脱硫石膏。脱硫石膏大量堆积，不仅会占用大量的空间场地，还可能因为风吹而导致二次污染。如何更加有效地利用这些脱硫石膏，逐渐成为不少学者关注的问题。

1995 年，东京大学定方正毅教授、松本聪教授和日本电力研究所青田义雄等提出，可以利用烟气脱硫石膏对中国的盐碱地进行土壤改良。1995 年，他们与中国学者合作，将沈阳的盐碱土寄回日本东京，在东京进行了盆栽试验，结果表明，施加脱硫石膏后，农作物的出苗率提高，长势得到了明显改善。1996 年，他们又在沈阳北部进行了 24 平方米的田间试验，先将试验田地表 0—20 厘米的土壤挖出，在土中混入不同比例的脱硫石膏，充分搅拌后再回填到田中种植农作物，同样取得了良好的效果。在得知日本同人的这一研究成果后，徐旭常表现出了强烈的兴趣，虽然当时国内燃煤烟气中的二氧化硫治理工作才刚起步，只有四川珞璜出产脱硫石膏，但已经开始研究燃煤污染物防治技术的徐旭常敏锐地意识到，定方正毅等学者的尝试在未来大有可为。

在查阅相关资料后，徐旭常更加坚定了自己的判断。根据我国第二次全国土壤普查（1996年）数据，分布于我国北方干旱和半干旱地区的盐碱土地面积约为3500万公顷，其中碱土面积870万公顷。由于气候等多方面的原因，这一数字还在不断增加。这些土地不能为农作物生长提供足够的养分，有些地方甚至寸草不生，极大地影响了当地的农业生产和生态环境。治理盐碱地一般有四种措施：第一种为水利改良，即通过灌水冲洗、引洪放淤等方式不断淋洗和排除土壤中的盐分；第二种为农业技术改良，即通过深耕、平整土地、加填客土、盖草、翻淤、盖沙等改善土壤成分和结构，增强渗透性能，加速盐分淋洗；第三种为生物改良，即通过种植耐盐植物、牧草、绿肥、植树造林等方式提高土壤肥力，改良土壤结构；第四种为化学改良，即通过施用石膏、磷石膏、亚硫酸钙等改良物质，改变土壤的理化性质。其中，碱土和盐土还有本质上的差异，需区别对待。在碱化土壤中，钠离子和钾离子附着在土壤胶体上，土地板结、不透水，使用一般的物理方法并不能除去这些钠离子和钾离子。因此，对于碱土，前三种改良措施基本无效，只能采用化学改良措施。

那么，如果用脱硫石膏作为改良物质来改良盐碱地可行的话，不仅可以解决发电厂的脱硫石膏堆放难问题，还找到了一种低成本的盐碱地改良方法，可谓一举两得。一旦大面积推广开来，将有助于扩大我国的耕地面积，进而增加粮食产量。这是事关国计民生的大事，由不得徐旭常不重视。

从此，徐旭常的书架上又多了许多土壤和农业方面的书籍，同时，他想方设法向这方面的专家学者请教问道。通过进一步学习和了解，徐旭常有了一个新的想法。虽然日本学者的试验已见成效，但他们采用的方法并不适合大田耕作。若要推广应用，必须研究出在广袤的大田里使用普通的农耕技术便可以实施的方法。同时，也有必要针对碱化土壤而不是一般性的盐碱地做进一步试验研究。因为我国有大量的盐碱地，当时治理较为成功的是盐土，主要集中在黄河、淮河、海河区域及沿海一带，一般采用的

图 8-5　1991 年 9 月 26 日徐旭常（第二排左三）在日本东京参加盐碱化及酸性化对陆地生态系统的危害及修复国际会议

是水利改良。而在内蒙古、宁夏、东北等地，有大面积的碱化土壤一直难以有效改良。徐旭常的新思路是，采用常规农耕手段将脱硫石膏直接播撒到这些碱化土壤上，是否可以取得改良效果呢？为此，他开始多方联系寻找农学家合作伙伴。

徐旭常不辞辛苦奔波了近两年，才终于找到了内蒙古农业大学教授乌力更、李跃进商谈合作事宜。对方虽然一口答应了下来，但他们同时坦言，没有任何研究经费支持这个项目。徐旭常团队只能再次想方设法自筹资金，和内蒙古农业大学签订了合作研究协议。

1999 年，徐旭常和助手陈昌和等人来到了内蒙古土默特左旗托克托县伍什家乡毡匠营村，在这里，他们和内蒙古农业大学的合作伙伴一起，找到了一处最多长了一些碱蓬、碱蒿、狼毒等耐强碱土壤的植物，几百甚至上千年来从不能种植庄稼的荒地。进一步的土壤分析显示，这里的地下水中普遍含有硫酸钠、氯化钠以及苏打，并且不同地块的地下水矿化度、矿化类型表现出明显差异，造成了土壤盐化、碱化分布不均匀，相应形成了复杂多变的盐化、碱化土壤，并多呈交错分布状态。土壤盐分含量一般小于 6 克 / 千克，碱化度普遍较高，大部分地块超过 15%，有 1/4 地块超过

第八章　跨界者

40%，最高达 79.2%，和 pH 值分布趋势相一致，一般在 8.5—9.5。用这样的地块来做试验应该最合适不过了，于是，他们在这里圈出了用于首次大田试验的土地，总面积为 40 亩。

而就在几年前，在内蒙古托克托县伍什家乡旁，曾经有来自天津的团队投资建造了 10000 亩农场，想把这片长期荒芜的盐碱地改造为良田。可是他们不知道这里是重碱地，仍采用传统的深挖沟和大水量灌排方法来改造，结果因改良效果不佳而放弃了这块地，受了打击打道回府了。徐旭常他们能够成功吗？

面对试验田中复杂的土壤分布结构，徐旭常最终决定坚持最初的设想，改变定方正毅教授等人采用的深挖、取土、混合、再回填方法，只用撒播脱硫石膏、耕、耙等常用的农田操作、常规的灌溉水量和有针对性的普通农业综合技术，对 40 亩试验田进行了土壤改良，同时做了除不撒播脱硫石膏外，其他农业措施都相同的对照田试验。

2000 年，待到玉米种子被播下的那一刻，所有人的心情都是复杂的，既忐忑又充满了期待。而结果，只能用出人意料的好来形容。施用脱硫石膏的试验田当年出苗率就达到了 60%，秋后获得丰产。当地农民见到改良结果高兴地说，这和用灌排法连续改良 30 年后达到的产量差不多。随后几年，改良效果更为显著。2001 年，处理区比对照区出苗率提高 23.5%—64.1%，农作物产量提高 313%—932%，处理区每亩纯增经济效益最高达 380 元，产出投入比达 2.79。2002 年，处理区比对照区出苗率提高 30%—40%，农作物产量提高 78%—114%，处理区每亩纯增经济效益最高达 518.4 元，产出投入比达 4.74。2003 年，处理区比对照区出苗率提高 10%—75%，农作物产量提高 48.8%—79.1%，处理区每亩纯增经济效益最高达 742.2 元，产出投入比达 6.24。2003 年 9 月，曾有记者团队深入内蒙古托克托县伍什家乡毡匠营村改良盐碱地试验区进行采访，当地村民不无兴奋地对记者说："做梦也没想到，这么一片几乎寸草不生的'光板地'，经过改良，竟然长出了玉米、牧草，还长势喜人，这下，一直整它没招儿的'盐碱荒滩'可总算有办法了！"

通过进一步的试验分析发现，土壤碱化程度越高，施用脱硫石膏改良的效果越明显。改良后,田间土壤的性状发生了明显变化。处理区土壤变得疏松,色泽变深,耕翻后硬土块变少,碱斑光板地基本消除。土壤碱性也有所下降,pH值普遍降低0.20—1.13。但在盐化程度较高的地块,单纯施用改良剂效果稍差一些,需要配合灌溉洗盐措施才能表现出改良效果。

2003年,"燃煤烟气脱硫副产物改良不良土壤的研究与示范"项目通过了教育部组织的科技成果鉴定。鉴定专家委员会对这一项目给予了高度评价,认为项目成果达到了国际领先水平,应在大面积示范的基础上尽快推广应用。2005年前后,徐旭常的土壤改良技术进入大面积推广阶段,他带着团队在内蒙古农业大学位于土默特左旗的科技园区内改良了5000亩盐碱地,同样获得了成功。

同时,徐旭常团队决定到其他地区去寻找新阵地。2004年12月,徐旭常亲自带队赴宁夏银川西大滩考察,这里的土壤是典型的白僵土,属于重度碱化土壤,pH值大于9,碱化度大于30%,用普通的水洗方法根本无

图8-6 2004年12月徐旭常带队考察宁夏银川西大滩

法改良，但比较适合用脱硫石膏进行改良。于是，他们决定与宁夏大学合作，在这里进行土壤改良试验。2005年最初划定的试验面积为14.8亩，改良后种植油葵。效果与在内蒙古时一样显著，第一年，处理区油葵出苗率达到56.9%，籽粒产量70.6千克/亩，而对照区的出苗率只有3.3%，籽粒产量为零。当年秋天，这一消息传开后，宁夏主管农业的区副主席接见了徐旭常团队，并当场表示：2006年由自治区政府提供经费，在宁夏暖泉农场利用脱硫石膏改良盐碱地1000亩。这让徐旭常感动并且心潮澎湃，在这以前，所有的土壤改良试验研究都是清华大学自筹经费进行的，从此以后，有了地方政府的资金支持，可持续性的大规模推广终于成为可能。

第二年，徐旭常的土壤改良方法没有因为扩大试验面积而失去神奇的效果，在暖泉农场和前进农场的改良试验同样给当地人以惊喜。改良后种植的各种农作物出苗率和产量均明显高于未施用脱硫石膏的对照区，水稻、油葵平均出苗率分别达到90.3%和52.9%，枸杞成活率达93.8%，较未改良的地块分别提高了53.4%、48.4%和50.7%。当年，水稻、油葵的籽粒产量分别达到了290.6千克/亩、98.2千克/亩，较未改良的地块分别增加了240.6千克/亩和96.4千克/亩。2006年7月，宁夏回族自治区政府在暖泉农场召开了县域经济现场会，时任自治区主席马启智出席了现场会，在参观脱硫石膏改良盐碱地的现场后，他表现出了极大的欣赏之情。

2007年，宁夏回族自治区政府继续支持徐旭常团队在银北地区利用脱硫石膏改良了不同类型盐碱地共计10000亩，其中暖泉农场2000亩，前进农场5000亩，石嘴山惠农区3000亩，均取得了喜人的改良效果。在宁夏贺兰山脚下，曾有一片常年荒芜的盐碱地，2005年，当地人开始用传统的物理方法进行改良并种植葡萄，当年，葡萄成活率只有30%。2006年，又增加了施用有机肥的改良措施，每亩施加1吨牛粪，葡萄成活率提高到50%，接连两年，投入了很多人力物力，但是改良效果并不能让人满意。2007年，清华大学利用脱硫石膏改良盐碱地的技术被引入这里，当年，新栽的葡萄小苗和移栽的成苗全部成活，这让当地人心悦诚服，不得不佩服科学知识的魔力。

图 8-7　2007 年 8 月 14 日徐旭常在宁夏查看盐碱地改良后水稻示范区第二年生长情况

  由于清华大学在盐碱地改良方面做出的突出成绩，2007 年，徐旭常作为专家组组长，评审了科技部"十一五"国家科技支撑计划中的"黄河河套地区盐碱地改良及脱硫废弃物资源化利用关键技术研究与示范"项目，清华大学承担了其中的"脱硫废弃物施用技术及对土壤环境与植物的效应研究"课题。由于该课题完成出色，清华大学课题组又陆续承担了"十二五"国家科技支撑计划课题"河套地区盐碱地耐盐植物高效利用与生态修复模式研究与示范"和"十三五"国家重点研发计划课题"河套平原盐碱地复合型生态治理制剂产品研发""苏打盐碱地土壤调理剂产品研发及应用"等科研项目。

  在新领域不断取得的新进展让徐旭常欣喜而自豪。2010 年在接受记者采访时，他曾深情地说道："美国同行听到我们用脱硫石膏改良碱土取得突破，都吃惊地瞪大了眼睛。美国人主要用脱硫石膏改良酸性土壤，我们的思路则是创造性的。"（采用脱硫石膏改良盐碱地的试验示范见表 8-2）

第八章　跨界者

表 8-2 采用脱硫石膏改良盐碱地的试验示范历程（截至 2016 年）

年份	地点	改良面积（亩）	种植类型	类型
1995	日本东京大学	盆栽	小麦	试验
1996	沈阳康平	0.036	玉米	试验
1999	内蒙古土默特左旗的托克托县伍什家乡毡匠营村	40	玉米	试验
2000	广东生态环境与土壤研究所	盆栽	花生、大豆，桉树	试验
2005	内蒙古土默特左旗的内蒙古农业大学的科技园	5000	苜蓿，树木	示范
2005	宁夏银川西大滩	14.8	葵花	试验
2006	宁夏农垦暖泉农场	1000	水稻	示范
2007	宁夏农垦前进农场	5000	水稻	示范
2007	宁夏农垦暖泉农场	2000	水稻	示范
2007	宁夏石嘴山惠农区	3000	葵花	示范
2007	宁夏贺兰山	200	葡萄	试验
2007	内蒙古阿拉善左旗	30	梭梭树	试验
2008	天津塘沽	100	白蜡、木槿、洋槐等	试验
2008	黑龙江大庆	30	树木	试验
2008	新疆克拉玛依	50	白蜡、新疆杨	试验
2008	吉林白城	120	水稻	试验
2008	内蒙古扎赉特旗图牧吉镇哈达嘎查	20	玉米	试验
2009	内蒙古科右中旗	200	苜蓿、燕麦、油葵、玉米、高粱等	试验
2009	新疆吐鲁番沙漠植物园	15	白蜡、葡萄、红柳	试验
2009	甘肃民勤	10	葡萄	试验
2009	吉林白城	1400	水稻、葵花	示范
2009	青海乐都	50	玉米	试验
2010	内蒙古科右中旗	690	水稻	试验
2012	内蒙古准格尔旗	10000	玉米、葵花、苜蓿、水稻	示范
2012	吉林大安	625	水稻	试验
2013	吉林大安	1700	水稻	试验
2014	河北省张北县	2600	燕麦、青储玉米	示范

续表

年份	地点	改良面积（亩）	种植类型	类型
2014	吉林大安	4000	水稻	示范
2015	河北省张北县	5954	燕麦、青储玉米	示范
2015	吉林大安	10340	水稻	示范
2016	新疆生产建设兵团农一师八团、十团、十二团	8000	棉花	示范
2016	河北省尚义县	2933	燕麦、青储玉米、蔬菜	示范
2016	吉林大安	10575	水稻	示范

总想更进一步

在徐旭常团队最初进行土壤改良试验的时候，内蒙古及宁夏当地的发电厂还没有加装烟气脱硫设备，因此当地也就没有脱硫石膏可供使用。为了顺利推进试验，内蒙古试验田所需的脱硫石膏是从重庆珞璜电厂运去的，而宁夏试验田所需的脱硫石膏则来自山西大同电厂。由于路途遥远，运费昂贵，导致土壤改良成本很高。对于因为研究项目超前而一直很难申请经费支持的徐旭常团队来说，这是一个很大的掣肘因素。幸运的是，随着几年后国内对酸雨等污染的治理趋向严格，全国各地的火电厂开始大规模安装烟气脱硫装置，土壤改良试验终于可以就近取材，成本才得到了有效控制。

外部条件越来越好，徐旭常心中的想法也越来越活。由于脱硫石膏对不同类型的盐碱地改良效果不尽相同，他开始思考怎样才能根据土壤盐碱程度实时快速地施撒脱硫石膏，以便尽快扩大改良面积。开始的设想是：由于盐碱程度不同，原始盐碱荒地上生长的植物就不同，土壤的颜色也不同，可以在采样点周围对土壤表层和植物进行照片，并采集土壤样本分析其理化参数，然后将表层照片、植物照片与土壤理化参数进行关联。这样，当采集数据足够大时，就可以建立土壤盐碱表征数据库。施撒脱硫石膏环节，在脱硫石膏抛撒机上加装摄像头，将捕集到的实时图像与土壤盐碱表征数据库中的图像进行比对，得到土壤的理化参数，抛洒机根据这些参数计算得到脱硫石膏施用量，然后自动调节抛洒机阀门开度，进行脱硫石膏抛洒。这无疑是一个超前的想法，但由于过度超前，虽然2005年在内蒙古农业大学海流现代农业开发区进行了初步尝试，最终却没能付诸实践。

在改良盐碱地基础上，课题组又提出对荒漠中的沙地施用镁基烟气脱硫废弃物进行改良的想法。镁基烟气脱硫废弃物是利用镁法脱硫产生的副产物，主要成分为硫酸镁，含量一般为7%—23%。这种物质对沙地中的水分保持有良好促进作用，作用机理主要是利用硫酸镁的强吸湿性特点从空气中吸收大量的水分，转化为土壤中的膜状水乃至部分毛管水。2007年，这一想法被付诸实施，他们在极度干旱的内蒙古阿拉善左旗林业试验站进行了镁基烟气脱硫废弃物保水试验，在改良后的土地上种植梭梭树，当年只在种植时浇了1遍水，以后没有再浇水，3年后树木成活率为80%。而采用普通方法种植的梭梭树，每年要浇2遍水，3年后成活率为70%。

一方面是探索更好的土壤改良技术，另一方面，将改良技术在更大的范围内推广应用也是徐旭常挂心的事。为了技术推广便利，2008年5月，在清华大学成立了盐碱地区生态修复与固碳研究中心。2010年10月，又成立了华清农业开发有限公司，清华大学盐碱地区生态修复与固碳研究中心将该项技术独家转让给华清农业开发有限公司，从此，这项技术正式进入了商业化推广阶段。有了成熟的推广运作体系，改良规模得以持续扩大，改良土壤类型几乎涵盖了我国所有的碱化土壤，地域范围覆盖了内蒙古、宁夏、黑龙江、辽宁、天津、吉林、新疆等大部分有碱化土地的北方省区市，种植农作物有玉米、苜蓿、水稻、向日葵、甜高粱、葡萄和枸杞等，以及杨树、沙棘、梭梭等10多种树木。

现如今，虽然徐旭常已经故去，但是他创立的土壤改良团队还在，而且完全继承了他的遗志，持续将土壤改良事业越做越扎实。为了确保脱硫石膏施用后不会对土壤造成新的危害，他们一直坚持对准备施用的脱硫石膏进行检测，同时持续跟踪检查改良后的土地以及土地上种植的农产品中重金属等有害物质含量。连续 10 多年的监测数据，证实了改良后土壤的重金属含量符合国家二级土壤环境标准，改良土地种植的农产品各项指标均满足国家食品质量监督局的标准。2015 年，在河北省张北改良基地种植的燕麦获得绿色食品证书。2016 年，在吉林省大安改良的碱性土地上种出的大米获得美国 USDA 有机认证、欧盟 ECOCERT 有机认证和中国 CNAS 有机转换产品认证证书。

经过多年的研究，在盐碱地改良及荒漠化治理领域，清华大学土壤改良团队获得了十几项国家发明专利授权以及美国国家发明专利授权，并获得省部级一等奖一项、二等奖两项。多年的实践证明，利用燃煤烟气脱硫副产物改良不良土壤是一次将能源、环境、农业等学科交叉融合的成功实践，也是一个循环经济与可持续发展的典范。当前，课题组的科研成果已经获得国家有关部门的支持和文件批复，拟进行更大规模的推广。未来，这项技术将在缓解国内耕地规模缩减、保障粮食供应、促进生物质能源开发等领域发挥更大的作用。

第九章
活成一面旗帜

最后一件大事

进入晚年，徐旭常工作量有所减少，生活环境也得到了大幅度改善，因此心境更加平和，但是身体始终不在最佳状态。与病痛作斗争，成为徐旭常需要经常面对的任务。

2003年，徐旭常在体检时发现患了开角型青光眼，因为不宜手术，只能通过药物来控制病情恶化，这导致他的视野不断缩小，视力不断下降，严重影响了正常的阅读和工作。他的情绪也因此受到了影响，甚至一度因为无法长时间工作而患上了轻度抑郁症，后来经服药治疗才逐渐好转。

徐旭常的身体第一次出现重大问题是在2007年，这一年的体检报告显示他的血清PSA[①]值异常增高，2008年和2009年，经过两次前列腺穿刺活体检查，确诊患了前列腺癌。2009年7月中旬，他在北京协和医院

[①] PSA，前列腺癌特异性标志物，一般认为，血清PSA小于4.0ng/mL为正常，大于10ng/mL则患前列腺癌的危险性增加，癌的恶性程度越高，PSA越高。

进行了近距离放射性同位素 ^{125}I 粒子注入治疗①，之后 PSA 水平逐渐下降，身体开始恢复。然而，没等身体完全康复，徐旭常就又投入了繁忙的工作中。

2010 年 3 月底，徐旭常胃部出现不适，他当时没有太当回事儿，依旧忙碌在指导研究生、培养青年教师、探索新科研方向的第一线，并坚持在 2010 年 6 月 7—11 日参加了中国工程院第 10 次院士大会。不曾想，这却是他人生中最后一次参加重大的学术活动。会议结束后，他还亲自组织并主持了由中国工程院农业学部和能源与矿业学部联合主办的能源与环境的协调生态建设以及碱化土壤改良和荒漠化治理研讨会，并在会上做了题为《能源与环境的协调生态建设》的主题报告。紧接着，6 月 12—13 日，他连续两天参加系里的博士论文答辩，14 日上午在实验室接受学校安排的清华大学百年校庆采访活动。连续多日的操劳，终于让胃部不适症状扩大化，

图 9-1 1996 年 7 月 31 日徐旭常在意大利参加第 26 届国际燃烧会议

---

① 近距离放射性同位素 ^{125}I 粒子注入治疗，一种活体内照射放射治疗技术，将低能量放射性核素研制成微小粒子，采用先进的 TPS 系统，在 B 超、CT 或内镜引导下将粒子植入肿瘤及其侵浸或转移灶，通过电离辐射生物效应作用，抑制、破坏并杀灭肿瘤细胞。

徐旭常感觉腰部剧痛难忍，不得不放下手头的工作到医院检查。经过一系列检查，被确诊为胃体癌侵入胃窦，而且到了晚期，癌细胞广泛转移至骨及淋巴系统，手术治疗已经于事无补。2010年7月5日，徐旭常住进了中国医学科学院肿瘤医院接受化疗。此时，徐旭常身边的所有人都有如遭到了晴天霹雳，异常的焦虑，但他本人仍是一如既往的平静，住进医院后严格遵守医嘱，积极配合治疗，坚持每天在病区走廊里散步，还鼓励病友们积极面对，争取早日恢复健康，同时依旧每天按时"上班"——处理电子邮件和业务文件。只有在不能及时获取外部信息的时候，他才会焦虑。

此时，让徐旭常最为挂心的，是即将于当年8月初在清华大学举办的第33届国际燃烧会议。为了这次会议，他已经准备了太久太久。

早在20世纪90年代，时任中国工程热物理学会副理事长、燃烧学分会主任的史绍熙教授，就曾与徐旭常讨论过在中国举办国际燃烧会议的可能性。1998年，在第27届国际燃烧会议期间，史绍熙、徐旭常、周力行3个人再次讨论这件事，经过一番思想碰撞，他们发现有一个难题无法解决，那就是当时中国的高校中没有能容纳那么多参会人员的会议室。那个时候，国际燃烧会议主办方国际燃烧学会一直保持着一个传统，即每次大会都必须在高校内举办，因为主办方希望参会人员能够在学校的学术环境里进行更好的交流，而且认为这样做可以更好地带动会议举办地的燃烧学术研究。史绍熙也曾提议在天津宾馆举办，那里可以容纳2000人，不过那时只停留在设想阶段，并没有付诸实践。

到了1999年，徐旭常接过中国工程热物理学会燃烧学分会主任的担子，承办国际燃烧会议的工作便落在了他的头上。

2002年，在日本札幌举办的第29届国际燃烧会议上，徐旭常代表清华大学第一次提交了承办2006年会议的申请，他做了很详细的PPT，向国际燃烧学会理事会介绍清华大学的会议承办条件和会议承办方案。但是，当时国外专家对中国还比较陌生，对中国的燃烧学术水平和会议承办能力都存有质疑，因此那次申办没有成功。

徐旭常并不气馁，一次申请不成，马上开始着手准备第二次申请。只是，有一个问题他不得不重视，那就是随着自己年龄增长，身体和精力都有点跟不上了，这绝对不能成为申办国际燃烧会议的阻碍。于是，他开始引导年轻人跟他一起为这件事努力。原因很简单，国际燃烧会议每两年举办一次，一般在欧洲、北美、亚太地区三地轮流举办，而且在欧美的概率更大，2002年刚刚在日本举办完，所以2004年申请在中国举办2008年会议成功的可能性依旧不大，最好直接为2006年申请2010年会议举办权做准备。

所以，当2004年会议在美国芝加哥举办时，徐旭常并没有发力，当时他带着姚强等一批清华大学的年轻学者参加了这次会议，目的是让他们去观摩会议的筹办情况，包括住宿、饮食、会议室、流程安排与时间控制等所有的细节。每天会议结束后，徐旭常都要和姚强几个人一起讨论研究、总结经验。

回国以后，整个筹备团队开始正式运作起来，一切都在有条不紊地为2006年申办做准备。当时，清华大学第六教学楼刚刚启用，具备比较好的办会条件，尤其是教室里安装了空调，国外专家很在意这一点，他们喜欢温度比较低的工作环境。清华大学周边也已经建起了几个五星级宾馆，为解决参会专家的住宿问题提供了便利，否则，这也将是个大问题，因为国际燃烧学会要求，会议住宿宾馆必须在走路能够到达会场的地方，这是一个非常苛刻的条件，要知道承办方迎接的不是几十人、几百人，而是上千人。此外，还有很多细节需要考虑，比如吃饭问题，西方的传统是所有参会人员在会场外自由地买着吃，这让徐旭常很担心，如果在北京，所有人都在路边店吃饭的话，很可能会出问题，所以他们向学校申请配备专门的食堂为参会人员提供食物。如此等等，当真是花了不少心思。

当2006年国际燃烧会议在德国海德堡开幕时，徐旭常团队已经做好了非常充分的准备。从各个层面看，他们当时具备的条件都比2002年第一次申办时有了大幅度改善。首先是大的外部环境，随着国内经济的持续快速发展，中国在国际上的地位逐年提高，中国对国际专家来说具备了更大的吸引力。其次是国内燃烧领域的科研实力有了显著提高，徐旭常本人在国际燃烧学界的影响力也在不断增加，具备了与国外专家平等对话的学术基础。最后是清华大学的办会硬件条件在不断改善，这也是给他们提供底气的一个很重要的因素。

徐旭常团队提前一天到达海德堡,他们随身携带了详细的宣传材料。申办 PPT 是重点中的重点,其中很多部分都是徐旭常亲手做的,其他部分也都经过了他的严格指导与审订。此外,还包括一些介绍中国的、介绍北京的、介绍清华大学的材料,从中国文化传统到国内燃烧学研究发展现状,从会议时段北京的气候特点到清华大学校内的交通路线图,全都被他们考虑了进来。

不过,虽然知道事关重大,但考虑到自己的年龄问题,徐旭常还是决定让年轻人顶上去,于是申办 PPT 的宣讲任务最终落在了姚强的身上。徐旭常觉得,让年轻人在这种场合接受历练对他们的成长是有重大好处的,而且,这也是一次很好的获得国际专家认可的机会。

图 9-2　1999 年 8 月 21 日周力行(左一)、C. K. Law(左二)和徐旭常参加第四届国际煤燃烧会议并合影

姚强后来回忆说,清华大学这次申办是非常成功的,曾经担任过国际燃烧学会主席的 C. K. Law 当场就表态,支持清华大学承办 2010 年会议。当然,C. K. Law 支持清华大学,不只是因为看了他们的申办 PPT,更重要的原因是,他很了解中国、很了解清华大学。C. K. Law 中文名字叫罗忠

敬，是一名华裔科学家，对中国的燃烧学研究发展非常热心，不仅和徐旭常保持着良好的学术友谊，和中国科学院力学研究所吴承康院士等多位国内学者都有过长期的学术合作。那段时期，C. K. Law 每年都要到清华大学进行学术交流，他很清楚地知道，清华大学已经具备了承办大型国际会议的条件。

当年的申办竞争还是非常激烈的，来自波兰、澳大利亚、西班牙的申办团队同样准备充分。直到后来，姚强他们才了解到，当时 C. K. Law 的表态发挥了很大的作用，因为当时并不是所有的外国专家都了解中国。比如，在清华大学拿到会议举办权后，国际燃烧学会的专家前来考察，很多人感到颇为惊讶，因为在他们的印象中，中国应该处于那种很多建筑前都有军队站岗的非正常状态，等到他们真正地看到中国、看到北京、看到清华大学的现实模样，才完全放下心来。

按照惯例，几家申办单位要在前一个周日完成申办宣讲，然后有一个空档期，供国际燃烧学会理事会做权衡和选择，然后在第二周的周三中午进行理事会投票，当天下午安排一次非常轻松的郊游活动，周四晚宴时宣布最终结果。但实际上，周三中午投票结果便统计了出来。下午郊游时，有人告诉徐旭常，清华大学申办成功了，所以，在郊游过程中，徐旭常一直非常激动。姚强回忆说，徐旭常是一个很少流露出个人情绪的人，但是那一天，他带着学生们四处游览，还刻意带他们参观了海德堡著名的哲学家小路，拍了很多照片，就差手之舞之、

图 9-3　2006 年申办第 33 届国际燃烧会议成功后在哲学家小路上（姚强提供）

足之蹈之了。姚强说，当时导师的那种兴奋状态让他印象颇深。

在那次会议申办过程中，还发生了一个特别有意思的小插曲。徐旭常在得知申办成功之后高兴异常，以至于自己多次参加的会议流程都忘了，以为周四晚宴宣布清华大学申办成功时会有一个演讲环节，所以认认真真地做了准备。晚宴开始前，他一直很紧张，莫名产生了一种不确定感。姚强回忆说，这是他第一次看到，也是唯一一次看到导师脸上流露出这种不确定性导致的茫然。不过，事情并没有朝着不确定的方向发展，国际燃烧学会理事会主席很快宣布了既定的结果，并邀请徐旭常到主席台对他表示祝贺，只是并没有安排徐旭常演讲这一个环节，让他在最终释然的同时心里也略有几分尴尬。

申办成功后，就到了会议筹备阶段，这才是真正的硬仗。徐旭常始终事无巨细地盯进度，包括哪个时间应该安排什么样的活动，以及国际专家非常看重的参会预算等，都要求姚强和同事们一一按要求高标准落实。比如，按照会议惯例，参会费用需要参会人员自理，这对于一些参会的学生来说是个不小的压力，如果能够提供更低廉的住宿价格，无疑会赢得更好的口碑，所以，徐旭常与同事们最终决定给参会的学生提供清华大学的留学生公寓。

等到徐旭常因为胃癌晚期住进医院的时候，第33届国际燃烧会议已经到了最后的筹备阶段。这是压在他心头多年的一件大事，由不得他不上心。那时，担任会议组委会主席的姚强已经能够独当一面，同时，课题组中禚玉群、张海、宋蔷、李水清等年轻学者也都担当起了具体的组织工作，这些让他很安心，但是依然不放心，经常通过电话或者电子邮件询问工作进度。每当姚强到医院去看望他，各种"汇报"是必不可少的。而当病房里只有他自己一个人的时候，他就在不断地刷天气预报，担心会议期间北京天气不好。

直到2010年8月2日，第33届国际燃烧会议在清华大学顺利开幕，来自39个国家和地区的1271名专家学者前来参加这次会议，徐旭常的心终于放下了一半。虽然无法亲临会场，但他一直关注着天气和会议进展情况，在最终得知会议圆满结束时，才长长地舒了一口气。

这次会议的成功举办，标志着中国燃烧学基础科研水平的提升得到了国际公认,这也是徐旭常多年来的一个夙愿,给他多年的国际学术交流活动画上了一个完美的句号。

有成果的学术交流

自从 1980 年第一次参加国际燃烧会议,了解到国际燃烧领域的新动向之后,徐旭常一直致力于促进中国燃烧研究与国际燃烧研究的接轨工作。尤其是注意到国内燃烧领域科研工作者不是很重视基础研究的情况,他迫切希望让国内学者及时了解国际研究的最新动向。

国际经验与本土实际的结合与再创新,是后发国家迅速崛起的不二法门。徐旭常生前多次出国参加活动,从 1980 年去加拿大和美国,到后来的日本、德国、俄罗斯、澳大利亚、法国等 20 多个国家,以及中国的香港、澳门和台湾地区,都留下了他的足迹。但是,徐旭常一生当中都没有长期的国外学习、工作经历,每次出国逗留时间一般不超过两周。为了深入了解和学习国际上的先进学术成果,出国参加学术会议期间,即便行程再紧张,他

图 9-4 1997 年 5 月 14 日徐旭常在日本大阪大学与大竹一友共同主持亚太燃烧会议分组会

都会抽时间到与煤燃烧有关的研究所、大学实验室和企业界的研究机构去参观访问，到相关企业去了解新设备的试验运行状况。在接受国外单位的邀请去讲学或者作学术交流时，他也会尽量争取让对方多安排参观学习内容。

在注重到国外"取经"的同时，徐旭常也非常积极地参与到了智力引进工作当中。

在 20 世纪 80 年代初，国际上开始重视沸腾炉技术，因为它可以减少煤炭燃烧过程中的二氧化硫和氮氧化物排放量，是一种洁净煤燃烧技术，而在当时，中国已经推广应用了这种锅炉，只不过目的有所不同，中国重视该技术是因为它具有很强的燃料适应性，能够燃烧各种低质煤，有助于解决当时的优质煤炭资源供应不足问题。那时，国内各地因地制宜，如雨后春笋般开发出多种类型的、燃烧不同种类低质煤的小型沸腾炉，全国总共有几百台在运行。相比较而言，当时除中国以外，全世界已经投入运行的沸腾炉总共也没有几台。1981 年，徐旭常的同事毛健雄在美国举办的一个国际能源会议上介绍了中国沸腾炉发展情况，在国际上引起了很大的轰动，国外专家万万没有想到，中国的沸腾炉技术已经领先于世界其他国家。于是，该国际会议的主办方找到毛健雄，提出了在中国召开一次有关沸腾炉的国际会议的建议。当时正值中国改革开放之初，国内几乎没有高校举办过国际性会议，因此，毛健雄回国后，从系里到学校，再从学校到教育部，层层汇报，得到了各级领导的同意和支持。拿到批复之后，毛健雄立即和美方代表联系，邀请他们来中国考察情况。对方也非常积极，很快决定在 1982 年年初来中国考察和筹备沸腾炉会议。清华大学热能工程系积极筹备，最终商定，由徐旭常和毛健雄先期到广东踩点考察，挑选几个典型的沸腾炉，以便从香港入境的美方代表到达广东后即可参观考察。同时，派系里其他老师在河北省距离北京较近的地区找几个考察点，既可用作美方代表考察的备选地点，也可用作将来国际会议的现场参观点。1982 年 2 月，美方 3 人考察团如期而至，其中一位是美国能源部的华裔专家向哲愚博士。他们在广东现场考察完到达北京后，双方详细交流了会议筹备相关工作，决定 1983 年 8 月在北京召开第一届国际沸腾燃烧及应用技术学术会议，会后组织参会代表到河北省现场参观国内在运行的沸腾炉。双方商定，国外参会人员和发言嘉宾由美方负责邀请，中国参会代表和发言嘉宾由清华大学负责邀请。最终，这次会议规模达到了 100 多人。这次由中美联合举办的会议，是清华大学在改革开放后举办的第一次国际学术会议，因此受到了各级领导的关注与重视。时任国务院副总理李鹏在人民大会堂接见全体外国与会代表，时任教育部部长何东昌在会议开幕式上发表了热情洋溢的致辞演讲。

图 9-5　1982 年徐旭常（左五）等接待美国能源部华裔专家向哲愚（左四）
（毛健雄提供）

在第一届国际沸腾燃烧及应用技术学术会议期间，参会代表们约定，为了形成持续影响力，这个会议每 4 年召开一次。转眼到了 1987 年筹备第二届会议的时候，清华大学热能工程系里开始讨论这第二届怎么个开法。多数人觉得，中国能源以煤炭为主，而在煤炭利用技术方面，沸腾炉只是其中一种，还有很多其他的煤燃烧技术和理论需要探讨，同时考虑到美国人不再为会议提供赞助，那么，清华大学是否应该考虑实际情况，推出一个更符合中国国情的会议呢？抱着这样的宗旨，大家设想，中国是煤燃烧大国，清华大学要组织一个长期的、有国际影响力的燃烧领域高水平会议，就一定要突出这个定位。考虑到国际上已经有一个国际燃烧会议，他们最终决定从 1987 年起，在中国组织召开一个国际煤燃烧会议，还是每 4 年召开一届，1987 年为第一届。主意既定，清华大学立即向国家自然科学基金会申请会议经费，很快便得到了批准。而且从 1987 年的第一届到 2015 年的第八届会议，国家自然科学基金一直是国际煤燃烧会议的第一赞助单位。

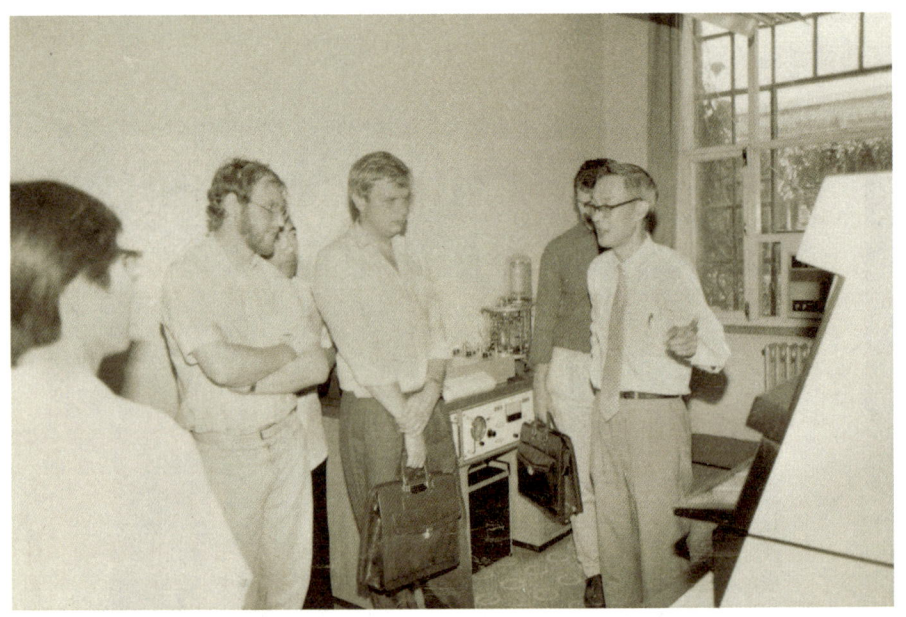

图 9-6　1987 年 9 月 8 日国际煤燃烧会议在清华大学召开，徐旭常带领国际友人参观热能工程系

经过反复研究与讨论，1987 年第一届国际煤燃烧会议的任务分工为：冯俊凯担任会议主席；徐旭常和周力行共同担任程序委员会主席，即执行主席，负责审查和编辑会议论文，形成论文集；毛健雄为会议秘书长，负责具体的会议组织和对外联络工作。当时他们商议，要想把国际煤燃烧会议办成高水平国际会议，关键是要有高水平的参会代表和发言嘉宾。国内方面，自然要邀请煤燃烧领域的顶级专家。但国际方面，在当时国内外交流并不频繁的情况下，就必须依靠外国朋友了，因此他们专门成立了会议国际委员会，聘请热能工程系学者能够联系上的国外专家为国际委员，然后再通过他们联系并邀请各国的专家、大学、研究所和公司来参会。经过精心组织与多方努力，这次会议期间国内外专家学者云集，为它后来的蓬勃发展奠定了基础。只不过，那时中国学者的英文写作水平普遍较差，提

交的会议论文参差不齐,徐旭常和周力行两人很是费了一番精力来修改这些文章。最终成效是显著的,会议论文集在美国半球出版社(Hemisphere)出版,受到了与会国内外代表的高度赞扬。

从此,在国内举办高水平会议的思路被打开。1993年,徐旭常和毛健雄一起到韩国首尔参加由韩国能源研究所主办的国际清洁能源会议。之所以被邀请参会,是因为韩国能源研究所的专家参加了1991年在清华大学举办的第二届国际煤燃烧会议,他们对这次会议印象深刻,所以有意与清华大学合作举办一个长期性的会议或者论坛。徐旭常二人此去韩国,正是为了进一步讨论合作具体事宜。经过协商,双方决定共同举办中韩清洁能源论坛,每2年一次,轮流在中国和韩国召开。至今,该论坛依然保持着当初的设想,每2年举办一次,很好地促进了中韩两国在清洁能源开发与利用方面的交流与合作。

图9-7　1996年9月2日徐旭常在清华大学参加中韩煤利用学术会议开幕式

再后来,随着中国内地各领域的国际交流不断拓宽、不断深入,清华大学热能工程系与国际知名能源机构之间的合作与互动也日益增多。在这个过程中,可以说,徐旭常所主导或参与的国际交流都是非常有成效的。在国外进行学术访问期间,他与国外高校和科研机构建立了良好的合作关系,进而争取到了多个国际科研合作项目,并为这些项目在国内建立了试验研究基地，培养了一批专业性人才。

在 1999 年担任中国工程热物理学会燃烧学分会主任，尤其是 2000 年当选国际燃烧学会理事兼中国分会主任之后，徐旭常能够调动的国内外资源更多，于是，他投入了更多精力来推动国内燃烧科学研究的深入发展。活跃学术气氛，促进对外交流，让国内学者有更多机会直接接触国际燃烧界高层次专家，直面国际燃烧界的最高学术水平，鼓励广大学界同人加强国内燃烧基础研究水平，这一系列的积极探索与努力，大幅度提高了我国燃烧学界在国际燃烧学界的地位。

所谓赠人玫瑰，手有余香，在积极促成中外交流合作的过程中，徐旭常也找到了更多的学术突破口。从 1996 年开始，徐旭常和日本东京大学的定方正毅教授合作，进行利用烟气脱硫石膏改良盐碱地的试验研究，从而开创了新的学术天地。其实，与定方正毅教授相识，正是在 1987 年举办的第一届国际煤燃烧会议上。自那以后，他们保持了良好的学术友谊，在定方正毅的支持与协调下，日本有关单位出资支持了清华大学在沈阳化肥厂建立的液柱湿法烟气脱硫示范工程和在清华大学试验电厂建立的半干法循环流化床烟气脱硫示范工程。后来，徐旭常又与定方正毅教授在清华大学实验室合作建立了新型中温干法烟气循环流化床脱硫半工业性实验台架，有力地推动了我国燃煤污染物减排技术的发展。

传承学术自信

一个国家在某一学科领域的学术地位，一方面体现在该国研究者的学术能力与研究实力，另一方面体现在该国对国际学术界的影响力和引领力。毫无疑问，后一个方面显得更为重要，它不仅需要前一个方面做铺垫，还需要有积累，需要有拳头学科，需要有品牌性的高端学术会议。

在燃烧学领域，目前我国已经做到了后一个方面。经过两代人的努力，我国燃烧领域的学术水平得到了国际同行的广泛认可，并在 2010 年承办了第 33 届国际燃烧会议。也差不多是在同一时期，我国本土主办的国际煤燃烧会议等多个学术会议慢慢树立起了全球影响力。

1991 年的第二届国际煤燃烧会议和 1995 年的第三届国际煤燃烧会议均是由徐旭常和周力行共同担任会议主席，从 1999 年第四届到 2007 年第六届，由徐旭常独立担任会议主席，全方面协调会议的筹备组织工作。将近 20 年的时间，他们以那一辈燃烧学者在国际燃烧学界的影响力，极大地推动了这个品牌性学术会议的发展。

国际煤燃烧会议与国际燃烧会议最大的不同，是它充分融合了具有中国特色的科学研究体系。在国际上，因为产业界具备完善的研发能力，高校承担的任务分工更多的是基础性、原创性研究。然而，在我国早些年的燃烧学研究领域，这种分工是无法实现的，原因在于当时的工业界研发能力不足，无法充分利用新技术来满足产业发展需求。因此，我国高校中的燃烧研究必须直面工程实际需求，要兼顾基础创新和技术创新。对于这一点，徐旭常平衡得非常好，可以说是那个年代做燃烧技术创新的学者里面最懂燃烧基础的人之一。同时，由于长期受清华大学学术底蕴与学术道统的熏陶，徐旭常与同事们身上存在着一种天然的学术自信。他们认为，中国的燃烧研究应该是国际燃烧研究中的一环，兼顾技术创新并不是缺陷，而是一种中国特色。国外先进的科研组织规律当然要借鉴，但绝对不是照搬；拥有国际视野的方法论当然值得学习，但绝对不能摒弃中国的传统与客观实际。最终，经过长时间的摸索，徐旭常与同事们寻找到了一条兼顾中国本土特色与西方科学组织规律的学术道路。

国际煤燃烧会议诞生在清华大学，也天然具备了这种学术自信的基因，始终坚持燃烧基础研究与燃烧技术研发并重的中国特色。当中国的燃烧研究逐渐在世界上打出旗帜，这种特色逐渐得到了国外学者的认可，国际煤燃烧会议随之成长为国际燃烧领域颇受重视的学术会议之一。

在第六届会议之后，徐旭常顺利地将接力棒交到了岳光溪、祁海鹰、李水清等新生代学者手中，2011 年的第七届会议和 2015 年的第八届会议分别由祁海鹰和岳光溪担任主席。到第八届会议的时候，国际上燃烧领域学术水平最高的研究机构差不多悉数到场，会议影响力进一步扩大。那一

图 9-8　2007 年徐旭常在第六届国际煤燃烧会议上致开幕辞

届的会议论文中，基础研究部分的优秀论文被国际顶尖期刊 *FUEL* 选用，收录了 20 多篇文章组成专刊，而技术研究部分的优秀论文，则由清华大学与斯普林格出版社（Springer）联合集册出版，形成了论文集。

如果说在燃烧领域，徐旭常力推国际合作的目的是让中国与国际接轨，那么，在盐碱地改良领域，国际合作的目的则是将中国的先进实践经验推向世界其他国家。

2006 年，利用燃煤烟气脱硫副产物改良盐碱地在国内已经进行得红红火火，初具规模，这引起了美国环保部、电力科学研究院、俄亥俄州立大学等机构中一些学者的关注。他们看到了徐旭常团队发表的论文和一些新闻报道，对脱硫石膏改良土壤的试验非常感兴趣。当时，美国也在进行一些类似的尝试，但无论是从规模还是从效果上来讲，都不能与中国的情况同日而语。美国人希望更为详细地了解徐旭常团队的工作，于是由美国环保部牵头，组织了一批美国学者来中国进行实地调研，当时挑定的调研地点是位于宁夏的暖泉农场，那儿的盐碱地改良已经进入了推广示范阶段，5000 亩水稻在之前寸草难生的土地上喷薄出旺盛的生命力。

当美国人看到真实的场景之后，震撼之情溢于言表。成片成片的绿色大地一眼望不到头，这让他们感到徐旭常团队的土壤改良方法似乎是一种神奇的魔法。美国环保部相关部门负责人苏姗·斯诺和同伴们既惊且喜，当场就决定要和徐旭常团队进行更深一步的合作。

这些学者回到美国之后，随即发来邀请函，邀请徐旭常团队参加由美国电力研究所、燃烧副产物循环利用协会与俄亥俄州立大学联合主办的脱硫石膏在农业领域应用的试验与示范研讨会。2006年9月，徐旭常和王淑娟、禚玉群一起，前往美国密苏里州圣路易斯市参加了这次学术会议，并在会上做了45分钟的主题发言。2007年，在美国犹他州首府盐湖城举办的大型学术研讨会上，徐旭常又做了特邀报告，介绍了那段时期中国盐碱地改良的经验做法与取得的成绩。大会结束之后，苏姗·斯诺直言不讳地评价道："这是我们美国人一直想做而没有做出来的东西。"

从此以后，清华大学的盐碱地改良团队一直和美国做烟气脱硫石膏应用的学者们保持着密切的沟通与合作。经过多年的持续性推进，到2016年，美国农业部宣布，将烟气脱硫石膏作为农用土壤改良剂是一项新的国家最佳实践，并给予了很高的评价。也就是说，徐旭常当初开创的盐碱地改良方法，已经获得了美国官方的认可与支持。

出访囧事杂记

在徐旭常出国访问之余，他和同事们也游览了众多异国风光。每到一处，徐旭常最感兴趣的是参观当地的博物馆和历史古迹，回国前也不忘给家人，特别是小孙子买一些小礼物，这时，他紧绷的工作之弦得到了暂时的放松。

当然，有时候在国外还会碰到一些意想不到的事。

1980年参加第18届国际燃烧会议是徐旭常第一次出国，由于存在语言障碍，曾闹出了不少笑话。当时，尽管他在冯俊凯教授的指导下着力强化了自己的英语表达能力，但张口说还很困难，语法错误也很多，但是他转念一想，外国人如果来中国讲汉语不也一样嘛，不用怕人笑话，何况还有曾经留学英国的史绍熙教授在身边，胆子便大了起来，会议期间总是尝试着和外国学者交谈。不过，囧事不会因为胆子大就自动躲开。在会议期间的一次高级宴会上，宾客各自点餐，他听不懂周围老外都点些什么菜，心里只想吃些热乎的素菜，就指着菜单上有"vegetables"字样的一行点了菜，谁承想服务员端上来的竟是一大盆生菜冷盘，接着是一道冰激凌。看着周围的人都吃得热热乎乎的，徐旭常却在左右为难中吃得肚子冰凉。回国后找妻子诉苦，还被何丽一取笑了一番。

这件事更加坚定了他学好外语的决心。对于学习语言这件可以显著提升工作效率的事，其实徐旭常一直非常重视，而且愿意下功夫。他始终觉得，学外语没有捷径，只能坚持背诵单词和课文，每天雷打不动地收听外语广播。凭借着这份勤奋与努力，他的英语水平很快就达到了可以与国外同行流利交流的水平。后来，为了工作便利，在50岁的时候，他又跟着收音机先后自学过日语和法语，尤其是日语学习方面收效明显，达到了阅读日文专业文献的水平。

还有一次，到美国调研时，徐旭常独自乘坐支线航班去某个小城市探望朋友，第二天再返回与团队会合，结果返程时居然登错了航班。幸好在飞机起飞前被乘务员及时发现，他们不得不把已关闭的机舱门重新打开，把他领到正确的航班座位上。

1996年8月，徐旭常到意大利那不勒斯参加第26届国际燃烧会议，会后到罗马访问意大利电力研究所。一路上，朋友们都提醒他那里小偷很多，要小心。此前他曾多次访问过意大利，关于小偷之事也早有耳闻，所以参会和访问期间一直格外留心。然而，到达罗马的第二天他还是被偷了。当他外出办事回到旅馆，发现自己的箱子被撬了，箱子里的一沓美元现金已经不见踪影，而房门上的锁却还是完好无损的。他当即向附近的警察局报案，并按照警察指示认真地填写了国内外的联系人和地址，但自此之后再无音信。好在他提前已有防备，特意将携带的现金分成三份，在箱子内分散放置，粗心的小偷偷走了其中的一份，没有发现另外两份，这真是不幸中之大幸了。

第十章
世界是他们的

谦和而不放任

从对徐旭常学生的走访中，可以发现徐旭常带学生的一个显著特点，那就是以身教为主，言传为辅。他总是做得多、说得少，留给学生自己体悟的空间。他几乎从来没有批评过谁或者评价谁的过错，学生的想法都会认真倾听，并谦和地引导他们朝着正确的方向走。

这种教学模式并非后天习得，徐旭常年轻时便是如此。姚强是"文化大革命"之后清华大学的第一批研究生之一，也是徐旭常最早带的一批研究生之一。当初报考徐旭常的研究生，姚强其实是比较懵懂的，他只知道徐旭常是锅炉领域的权威专家，而自己刚好对这一领域感兴趣，就决定试一试。那时，在清华大学学生的口口相传中，徐旭常已经"封神"，学生们都说："哪台锅炉出了问题，他上去踢两脚就好了。"除了这句话，姚强当时对自己未来的这位导师了解并不多。直到跟徐旭常读了研究生之后，才慢慢熟悉了他的教学与指导风格。姚强后来回忆说，徐旭常对课题组的每个研究方向都持续关注、持续跟进、持续思考。在每一个研究项目的重要阶段或关键性节点，他都要找相关的学生讨论，听学生汇报进展，提出一些可行的建议，引导学生主动思考。平时，徐旭常一般每两周与自己带的研究生见一次面，对于姚强等人来说，这是一件很有压力的事情。压力来自与导师见面前，他们总想把自己手头的研究工作做得尽善尽美，然而大多数情况下又是做不到的，每次见面，他们往往会发现导师提出的建议确实比自己的想法更开阔、更深入。每当这时，他们会意识到，学术研究的道路还有很长很长。

有时候，学生们会提交一些论文请徐旭常把关，徐旭常也不多说什么，把文章拿过去就开始改，大到观点、论述方式，小到错别字、标点符号，都会帮学生一一校正，然后交还给学生，让他们自己去琢磨。在这样一种无声的过程中，学生们往往可以更为全面地习得思考问题与写文章的正确方法。

禚玉群是徐旭常1992年招收的直博生，在他的博士生涯开端，发生过一件足以让他铭记终生的事情。那段时期，禚玉群在进行燃烧流场计算过程的相关研究，当时国际上还没有大型流体计算软件，国内更没有，所有计算都要靠研究者自己编程来实现，为了模拟流场，禚玉群与合作者开发的程序总共有3万多句，打印出来厚厚的一沓。程序写完后，禚玉群在调试过程中发现部分代码可能出了差错，导致计算结果跟实验数据对不上。但是，在3万多行代码中找差错是一件很困难的事，必须一句一句地去排查。禚玉群记得，他当时连着调整了两周时间，一直调不出正确结果，不得已去找徐旭常讨论。徐旭常一时也说不出哪里出了问题，就把厚厚一沓打印在纸上的程序要了过去，说仔细看看再讨论。一个多星期后，徐旭常把这沓纸还给了禚玉群，禚玉群一看吃了一惊，自己的导师已经把程序中的很多地方用笔标了出来，并写明这里可能有问题、那里逻辑可能不对等等。3万多句程序，估计让程序员来排查错误都觉得头大，徐旭常就这么一句一句地读了下来，这让禚玉群由衷地叹服和敬仰。

师生讨论学术问题，意见相左的时候总是会有的。对于这种不一致，徐旭常是乐于接受的，他从来不会强迫学生听从他的意见。他始终坚持，做自然科学和工程研究，判断一个观点对错的方法非常明确，那就是用事实说话。出现不一致的观点或者对于同一个现象有不同的解释时，大家做实验也好，做推导也好，做模型模拟也好，总归可以通过某些方法来进行判断和取舍。在徐旭常的课题组，对于一些学术问题，在没有确切定论之前，大家可以充分发表自己的看法，但是有了定论之后，大家基本都是认同的，也因此少了许多无谓的争执。

姚强说，徐旭常不是那种特别强势的导师，他对学生总是循循善诱的，总会很耐心地听学生把自己的想法阐述完整，发现错误或偏差，会以很委婉的建议予以纠正。相处久了，学生们都知道了徐旭常的语言尺度，他从来不会说"你这方面不行"之类的话，那些谦和建议就是他的指导意见。姚强到现在还记得，有一次同门师兄弟开会，徐旭常让他读了一段英文文献，读完以后，徐旭常说了一句"可能英语还需要进步"，姚强很明确，导师的意思是自己的英语水平还不达标。禚玉群在回忆徐旭常时则在感慨："他让我觉得院士不再是那种高高在上的人物，而是非常亲切、平易近人的。"

不过，徐旭常的谦和，并不意味着对学生的放任自由。既然要把学生们培养成合格、严谨、认真的学者，徐旭常的要求是很高的。比如，他总在提醒学生，工科研究不能是空中楼阁，搞工程技术的人不能从杂志缝里找课题，必须在生产实践中发现问题、解决问题。在学术问题上，他事必躬亲，带学生下工厂，总是和学生们一起钻锅炉、爬脚手架。他的学生们都知道，拿不到第一手资料，就躲不过他的考察：你是怎么知道的？你去看了吗？你亲眼看到了吗？这样的问题问多了，学生们在做科研时也就逐渐养成了亲力亲为、全面思考的习惯。

在这种身教言传之中，徐旭常慢慢地交给学生什么是正确的科研态度，什么是正确的学术道路。

图 10-1　2010 年 6 月 14 日徐旭常在清华大学实验室

第十章　世界是他们的

给年轻人赋能

或许是年轻时受了冯俊凯教授的影响,徐旭常乐于对自己的学生与身边的年轻同事赋能、赋权,敢于放手让他们自己去干,同时为他们兜底。

学生们的工作可能不是那么完美,但徐旭常鼓励他们去尝试。在实验室里,他很少直接插手指导学生如何做实验,如果学生去外地电厂实习,那自主权就更大了。20 世纪 80 年代,国内通信还极其不方便,当时姚强在广西实习了两三个月的时间,其间,徐旭常就去过一趟,到了实习地点,了解一下实际情况,指导了实验方向,然后就返京了,其他的具体事务全都丢给姚强自己解决。姚强回忆说:"那时徐老师交代的很少,都是学生一个人在电厂跟着技术人员做实验,从来没有想过要依靠什么人,学生必须自主。"

学生们有了新的想法或者想探索的新领域,徐旭常一直秉持着积极支持的态度。20 世纪 80 年代末,清华大学从教育部争取到了一项特殊的人才培养计划——论文博士,该计划只对"文化大革命"开始前 1964 年和 1965 年毕业的本科生开放,旨在为当时 45 岁以下并在工作单位取得了一定成绩的科研工作者提供进修再提高的机会。受惠于这项特殊政策,当时在水利电力部西安热工研究所工作的章明川 1988 年秋正式注册成为一名清华大学博士生,导师就是徐旭常。论文博士不脱产,也没有修课要求,主要任务是结合本单位工作做研究、写论文。章明川所在的西安热工研究所当时正在承担一项煤粉燃烧特性应用方法的研究课题,徐旭常了解情况后,觉得和自己的研究相契合,就让他先做着,等有些想法后再定论文题目。当时,在单颗粒碳燃烧理论研究领域,单膜燃烧与双膜燃烧之争已经存在了半个世纪。学界比较一致的看法是,对于煤粉粒径范围内的细小碳颗粒,应该采用表面反应一次产物为一氧化碳的单膜模型,然而,在煤粉颗粒非均相着火的研究中,人们却普遍假设颗粒表面反应产物为二氧化碳,且同样有大量的实验数据支持。显然,这是两个看似完全不相容的假定，如果找不到一个前后自恰的理论解释，一篇同时涉及煤粉着火和燃尽的论文是不太好写的。章明川经过差不多一年的思考，创新性地提出了移动火焰锋面模型———氧化碳在移动火焰锋面上燃烧。这并不是一个严格的理论模型，但它很好地解决了关于表面反应产物假定的矛盾。这个模型的诞生，让章明川兴奋异常，可是当他准备向徐旭常汇报时，不免又很担心，毕竟，这个新模型对该领域传统认识是一个不小的挑战。让章明川没想到的是，徐旭常仔细看过模型推导和计算结果后，给出了一个十分肯定的答复："我看行！"这让章明川继续沿着这个研究方向走下去的信心大增，他的第一篇学术论文《CO气相反应对碳颗粒燃烧的影响——连续膜理论的一种简化模拟方法》很快在《工程热物理学报》上发表。以此为基础，再加上一些其他方面的研究内容，章明川以《煤粉着火及切圆燃烧火焰稳定性分析》为题，顺利地完成了自己的学位论文，并在1991年初获得了清华大学博士学位。1994年秋，章明川由西安热工研究所调到上海交通大学任教，直至多年后，他一直在推进移动火焰锋面模型相关研究，并取得了一系列研究成果。他一直坚信，正是徐旭常当年的一声"我看行"，引发了他学术生涯中最重要的一个研究方向。

对于课题组里的青年教师，那就更不用说了。由长福是1996年8月底进入徐旭常课题组的，当时他刚刚从清华大学热能工程系博士毕业并留校工作。徐旭常了解到他博士期间的研究课题是多相流动的数值模拟，这正是徐旭常多年来一直关注的燃烧基础研究，因此，尽管课题组的主要科研方向是煤燃烧及其污染防治，当时组里也没有其他研究人员从事多相流动的数值模拟研究，他还是非常鼓励由长福继续从事这个方向的研究，而非要求他"改行易道"。而且，徐旭常还竭力给由长福创造良好的研究条件，先后将自己的多名博士、硕士研究生派给他指导，并购置了多套先进的多相流动测量设备。待到1999年，日本福井大学教授山本富士夫访问清华大学并做了关于多相流动PIV测量方法[1]进展的报告，报告会结束后，徐

---

[1] PIV，Particle Image Velocimetry，即粒子图像测速法，是一种瞬态、多点、无接触式的流体力学测速方法，其特点是能在同一瞬态记录下大量空间点上的速度分布信息，并可提供丰富的流场空间结构以及流动特性。

旭常把由长福介绍给了山本教授，当面提出双方可以合作开发 PIV 测量技术，并共同资助由长福到福井大学进修。于是，1999 年 7—8 月，由长福到福井大学进行了访问学习。回国后，由长福找徐旭常沟通研究情况，他提到，针对当时想要测量的稠密颗粒流动，传统的光学方法遭遇了光线难以穿透的问题，因此国际上有学者采用了辐射射线法进行测量。本来是随口一说的事情，没想到徐旭常表现出了极大的兴趣，当时就表示，由他来负责与清华大学核研院接触沟通，看能否合作开发 X 射线法 PIV 技术。合作意向达成后，由长福估算了设备投资规模，大约在百万量级，不由得吸了一口冷气。但徐旭常一点都没犹豫，对他表示经费没有问题。虽然该项目后来由于涉及放射性物品而难以继续开展，但是徐旭常在前期给予的大力支持，让由长福感动不已。

1999 年，姚强从浙江大学回到清华大学任教，研究方向开始由燃烧理论与技术向燃烧污染控制理论与技术拓展。研究方向转轨阶段，他曾在徐旭常那里获得莫大的动力与压力。彼时，徐旭常已经关注燃烧污染防治领域很久了，并敏感地注意到颗粒物研究的重要性。经过前期酝酿，他和中国环境监测总站的魏复盛院士等几位大气环保领域知名学者倡议，在 2002 年 5 月 20—22 日举办的第 183 次香山科学会议上，就"可吸入颗粒物的形成机理和防治对策"主题进行了学术研讨。会议相关事宜敲定后，徐旭常却没有顶在最前面，而是推举姚强和魏复盛院士、中国预防医学科学院徐立大教授共同担任会议执行主席，并指导姚强作了主题报告。本次会议研讨卓有成效，参会专家们一致认为，有必要将可吸入颗粒物研究作为一个重大科学研究项目去推进，于是决定联合向科技部建议将可吸入颗粒物研究纳入国家"973 计划"中，这便有了 2002 年的"燃烧源可吸入颗粒物的形成与控制技术基础研究"项目。该项目由清华大学热能工程系牵头，研究阵容相当豪华，汇集了一大批来自清华大学热能工程系、环境学院，北京大学环境科学与工程学院，中国环境科学研究院等的学术精英。即便如此，徐旭常依然决定让姚强挑大梁，将项目首席科学家的重担压在了他的肩上，这让姚强成为当时"973 计划"能源领域项目中青年首席科学家之一。

当禚玉群 2003 年从英国帝国理工大学完成博士后研究回到清华大学的

时候，徐旭常的课题组已经发生了很大变化。

一个变化体现在课题组规模方面。20 世纪 90 年代后期，徐旭常团队人员非常多，带的研究生也很多，所以他的课题组一度是系里面最大的。后来，徐旭常为了让同组的学者们更好地成长，也为了让各学科更好、更全面地发展，陆陆续续地扶持一些学者独立出去成立了自己的课题组。

另一个变化来自课题组的研究方向。到 21 世纪初，徐旭常团队的研究重点已经从煤燃烧和燃烧器开发转向了燃煤污染治理领域。因此，禚玉群回到清华大学安顿好以后，徐旭常向他提出了开拓新研究领域的建议：如果他有兴趣从事污染控制方面研究，重金属污染物，尤其是汞污染，可能是未来的一个学术热点。同时，徐旭常在人力上也进行了适当安排，指定了几个研究生协助禚玉群整理这个领域的文献资料。禚玉群研究了相关资料，认为可以尝试一下，因此从 2006 年开始大规模地进行了汞排放的测量，并开展了相关实验室研究，随后开始开发重金属污染物控制技术。禚玉群后来回忆说："清华大学汞污染治理课题的发展历程表明，徐老师看得比较远，他对学生和年轻教师的指导原则是，直接把他们投到国家在将来可能有迫切需求的研究方向上。"现如今，在汞污染治理方面，国家环保部门已经提出了明确要求，而清华大学的相关研究在经过多年积累之后，已经站到了国内最前沿。

让他们站上中心舞台

从 20 世纪 50 年代末开始，徐旭常再没有担任过任何行政职务，专心致志忙于教学、编写教材、带学生下工厂实习，到"文化大革命"结束之后将更多精力投入科研任务中。最初，小小的煤粉燃烧课题组只有三四个人，经常忙不过来，徐旭常就尽量动员周围的学者一起干。在当时，这也是无奈之举，其实不只是徐旭常的课题组，全热能工程系，全清华大学，乃至全国高等院校都一样，人才匮乏。所以，徐旭常把目光移向了海外，

第十章　世界是他们的　　**165**

在出国交流或者考察时，只要有机会，他总会动员学业有成的留学人员回国参加工作。到国外进修时，他也会争取把同教研组的其他学者或者实验人员介绍出去，让他们在业务上尽快与国际接轨。

1992年，徐旭常已经60岁了，随着年龄的增长，他深刻感受到了培养年青学者的重要性和迫切性。尤其是当他听到有人在赞扬业内一位故去的老院士时评价道，这位老院士的学术和人品都很好，大树底下好乘凉，身边聚集了一批优秀的研究人员，但可惜，大树底下也不长草，由于老院士突然离世，而后续人才尚未跟进，导致科研工作出现断层。这让徐旭常很受触动，为什么一个德高望重的学术泰斗，手底下竟然没有培养出一个能够继承衣钵的人呢？这让徐旭常意识到，他们这一代人年纪也渐渐大了，必须让年轻人尽快成长、尽快站到台面上，得培养他们独当一面的能力，这样他们才能在失去庇护之后依然保持成长，并逐渐成为各个研究领域的领军人物。

这事说干就干，徐旭常一点都没含糊。20世纪90年代以来，他的研究团队联合有关单位连续申请并获得了4个"973项目"，他一点都不贪功，4个项目的首席科学家职位都让给了他原来的学生、后来的同事，他自己只作为学术顾问角色参与其中，协助同事们主持整个项目的运作。

2006年，当徐旭常带领团队在德国海德堡国际燃烧会议上第二次为清华大学申请会议举办权时，他没有因为场合特殊而改变尽快让年轻人成为主角的初衷。在国际燃烧学会理事会上，他推荐了当时担任中国分会副主席的姚强做清华大学的申办报告。从那时起，姚强正式成为第33届国际燃烧会议的实际负责人。到2008年，徐旭常又以书面形式表达了自己不再连任国际燃烧学会理事会理事，而推荐姚强出任下一届理事的意愿，他的申请最终得到了正面回应，于是姚强顺利代替他加入了国际燃烧学会理事会，同时接下了第33届国际燃烧会议当地委员会主席的职务。姚强也没有让导师失望，他传承了徐旭常的做事风格，团结起系里更多的年轻人，紧张而有序地推进大会的筹备工作。2010年8月初会议如期举行，参会人数之多、影响之大，为参会者一致公认，会议组织井然有序，会务团队因此受到了国际燃烧学会理事会的书面表扬。这对于当时正在住院的徐旭常来说，无疑是一种巨大的欣慰。

曲终人不散

在清华大学有一条不成文的规定，学术传承不以学术血缘关系为纲，而是以学术思想延续为本。这种兼容并收、不局限于师徒亲情的传承链条，也是清华之所以为清华，清华之所以能长久地为清华的根本所在。这条铁律，在热能工程系同样存在。

徐旭常所在的教研组，由他的大学同学徐秀清做了29年的主任。在东北读大学时便热心帮扶同学的徐秀清，在教研组主任的位置上依旧是大公无私的，他始终秉持着对教研组发展有利、对国家经济发展有贡献的原则分配组内资源，因此也得到了所有人的信任与拥护。在他的协调与带领之下，教研组风清气正，传承并发扬了冯俊凯等老一辈学者留下来的学术道统，始终坚持同辈学者相互扶持、团结协作，老、中、青三代学者在传承中交叉指导。

徐旭常是一个一心扑在学术研究上的人，对于这种风气是十分乐于接受的，也乐于继续传承下去。他在有意识地培养学术梯队的过程中，也坚持了以学术为本的道统传承思想，只唯学术不唯亲，同时也举贤不避亲。在他的晚年，曾有人问过他该由谁来接他交出去的接力棒，他的回答很简单、很明确：谁有本事就由谁来！

21世纪初，现今清华大学能源与动力工程系教授吕俊复正在系里岳光溪院士的指导下，牵头开展超临界循环流化床锅炉技术的探索研究，超临界水动力的锅内过程和超高炉膛、超大床面的炉内过程突破了当时已有的经验和实践范围，面临一大批关键科学与技术问题，需要创新解决，吕俊复的压力很大。徐旭常团队虽然没有参与这项工作，但是他时刻关注着项目进展，希望能够提供力所能及的帮助，并在自己主持编写的国家能源规划中极力促成了工程示范。有一次，徐旭常在系馆前遇到了吕俊复，针对他当时工作上的顾虑，十分恳切地与他攀谈，通过对某著名团队数据造假、论文抄袭事件的深入剖析，提醒与鼓励他踏踏实实继续研究下去。吕俊复是个有潜力的科研人才，虽然不是自己的学生，徐旭常一直非常爱惜，真心实意为他的成长搭台子。2010 年的时候，科学出版社请徐旭常编写《燃烧理论与燃烧设备》第二版，他仔细思量之后，决定把这项任务交给吕俊复负责，并让自己的助手陈昌和等学者提供帮助。最终，吕俊复不负所托，按照徐旭常倡导的编写理念和思路，重新编写了这部包含了徐旭常和系里很多前辈学者心血的著作，编写质量得到了业内学者的普遍认可。

正因为徐旭常从 20 世纪 90 年代就开始秉持着这种严谨而开放的逻辑培养学术梯队，他的研究团队在发展中不断壮大，徐旭常与他们共同敲定了多个具有发展前景的科研方向。时至今日，徐旭常已故去多年，他曾经指导的多个研究方向——燃煤污染物联合脱除、燃煤重金属污染防治、二氧化碳捕捉、碱化土壤改良和荒漠化治理等，都依然保持着旺盛的生命力。而他当初的同事们已经成功挑起了这些研究领域的大梁，并有望成为未来的学科带头人。

当然，这一方面取决于徐旭常对后辈学者的培养，另一方面也取决于这些研究方向的延展力。徐旭常当初所看重的研究领域，如今大都方兴未艾，比如 $PM_{2.5}$ 防治、荒漠化治理等。更进一步来讲，在任何一个时间点上再先进的科研方向也总有过时的一天，那么，到了那一天，徐旭常曾经带领过的团队还能留下什么呢？在姚强看来，这个问题的答案是徐旭常对新研究领域的选择逻辑，或者说是学术价值观。当前，曾经属于徐旭常团队的很多学者已经在尝试进入新的研究领域，即使在以前延续下来的研究领域，技术也在不断更新，如何取舍，这是一个问题，而且是一个区分学科带头人和普通研究人员的重要问题。徐旭常搞了一辈子科研，最大的特点就是把科研方向真正地与国家需求紧密地结合在了一起，只瞄准国家当下或未来的需求攻关。当然，对于什么是国家需求，可能每个人都有不同的理解与答案，但这个底层的选择逻辑是不变的。现如今，徐旭常已经将它注入学生们的心目当中。徐旭常的传承者们普遍相信，只要这个逻辑还在，他们团队的科研实力就会长久不衰。

第十一章 最后的岁月

与家人和解

2010年12月，徐旭常已经在医院里住了5个多月，其间接受了7次化疗及靶向药物治疗。为了早日出院，徐旭常连续4天出病房进行各种检查，不巧受到了大风降温侵袭，又赶上病房空调失灵，室内温度很低，让他原本就极度虚弱的身体雪上加霜，连续发烧，食欲减退。12月27日，家人看到徐旭常在医院已经毫无改

图 11-1　2008年徐旭常与家人合影

善的希望，决定让他出院回家修养。

回到家中，徐旭常心情不错，体温逐渐恢复了正常。元旦很快到来，一家人团聚在一起迎来了新的一年，此时，家人的新年愿望都是一致的，那就是希望奇迹再次出现，徐旭常能够像以往那样康复起来。

2011年1月14日，在家人温馨的祝福声中，徐旭常与何丽一度过了他们的金婚纪念日。

性格方面，徐旭常是个慢性子，而何丽一是个急性子，两人一起出门走路，总是不在一个步调上，丈夫的不紧不慢让妻子看着心焦，因此总是嘲弄他："你是怕踩死蚂蚁吗？"不过，互补的性格让他们的婚姻历久弥新。生活中，夫妻闹别扭是难免的，可每次吵架，徐旭常从不反驳，何丽一说的话他全盘接收，但就是没有动气的意思，所以吵到最后往往就不了了之了。何丽一回忆说，他俩吵架从来吵不起来。

徐旭常对家庭照顾颇为不周，其实他自己心里是清楚的，因此对妻子多有愧疚。有一次从国外出差回来，还破天荒地给妻子带了份礼物——一个奥斯卡小金人，上面刻着"Best Wife"（最好的妻子）字样。何丽一也明白丈夫的志向所在，因此多年来对他并不强求，对于他偶尔帮忙做家务，反倒是十分感动。何丽一是应付家庭琐事的能手，但对于家用电器却始终不开窍，不会买，出了故障也不会修，这让她颇为无奈。幸好，搞工科出身的徐旭常对这些物件特别感兴趣，他平时不爱逛商场，认为太浪费时间，但是家中的各种电器，大到冰箱、彩电，小到插线板、热得快，他都特别积极地买回来。电器出了毛病，何丽一也都是等他回来修理，一般都能"手到病除"。因此，夫妻二人在家庭生活上算完成了一个很不平均的劳动分工。

生活中，何丽一尽量照顾丈夫，但在业务上，徐旭常给予了妻子不少帮助。1997年在瑞士因特拉根召开第9届国际平面色谱会议的时候，何丽一本来只打算投去一篇论文了事，徐旭常却觉得这是个好机会，在他的鼓励和帮助下，何丽一最终前往瑞士在会上做了报告。平时，徐旭常还经常催促妻子学习使用电脑，反对她一直沿用"剪刀加糨糊"的方式写书稿和论文。虽然夫妻二人专业不同，但在思想方法、工作方法、待人处事等方面彼此都会受到对方的启发，默契程度随着时间的推移在不断加深。

一路风风雨雨50载，他们在一起走过。当时钟转过了金婚这一圈，夫妻二人日常生活中的磕磕绊绊肯定是敌不过那些美好回忆的，他们在孩子们的祝福中达成了最终的和解。

对于两个儿子，徐旭常也是心怀愧疚的。在还能正常工作的时候，他很少与孩子们待在一起。"文化大革命"期间，何丽一有一年要下乡劳动，小儿子被送回了老家，当时读小学五年级的大儿子徐纪清跟着父亲在清华大学宿舍里住过一年，并转学到清华大学附属小学就读，这恐怕是徐旭常与孩子相处时间最久的一次了。但是一年后，何丽一回京，提出让徐纪清继续在清华大学附属小学读书的想法，却被徐旭常严词拒绝了，直到晚年，何丽一也没有弄明白，他不同意的原因究竟是认为这样做不合适还是担心孩子跟他生活会影响他的工作。从那以后，他对两个孩子的成长与职业发展都过问不多。不过，如果说徐旭常对两个儿子没有感情，那绝对是错的。大儿子到西安交通大学读书时，很少因为私事甚至公事烦劳他人的徐旭常，专门找到自己在西安交通大学的朋友和学生，请他们帮忙照拂。小儿子喜欢收集地图，于是这也成为徐旭常每次出差的一项任务，只要时间允许，他总会在出差地买各种地图带回家。这些小事中所包含的父爱，无论当初孩子们是否能够感知到，它都在那里，并在徐旭常人生最后的岁月中一一浮现在他们眼前。看着父亲晚年逐渐衰弱的身躯，想来他们也应该在心里与父亲达成了和解吧。

相比于第二代，徐旭常对第三代，自己的孙子关爱要更多一些。当然，这种关爱并非从一开始就有，20世纪90年代，住房条件改善之后，徐旭常在家办公的时间逐渐增多，两岁多的小孙子每两周来家中一次，他还嫌"太频繁"，索性插了书房门，把小孙子拒之门外。直到晚年，一是年纪相对大了，二是工作方面也没有那么紧张的时候，徐旭常与孙子在一起时间才多了一些。也许是因为这个缘故，他的孙子无论是从气质上，还是性格上，都与爷爷极为相似。虽然最终没有继承爷爷的专业投身燃烧污染防治领域，但是他同样喜欢做一些务实的工作，同样喜欢读书、喜欢画画。在徐旭常最后住院的日子里，他的孙子曾经给他画了一张肖像画，

图 11-2 1997年徐旭常与孙子在一起

徐旭常看后非常高兴，提笔在上面写下了"专注""持恒"两个词。这是对他自己人生的一个极度简短的总结？还是对孙子未来发展的殷切期盼？或者二者兼而有之吧。

2011年元旦过后不久，当兔年春节的钟声敲响之际，一家人拍了最后一张全家福。在多年疏于家庭生活之后，徐旭常终于在最后的时刻彻底回归了这个温馨而幸福的家庭。

与工作不和解

即使身体已经极度虚弱，在长达8个月的休养期间，徐旭常始终没有彻底放下自己毕生为之奋斗的事业。

对于工作，徐旭常是真的热爱。一个很有意思的例证是，早年间，每次给身在南方的父母写家书，他谈的全部是工作事务。妻子一度想扭转他的这个"坏习惯",但始终没有成功。

徐旭常对工作从来不说"不",一切有利于工作的事务都往前排,而一切阻碍工作的事务都会被往后推。其实,他是一个兴趣爱好广泛的人,喜欢读书,对人文、历史、地理、宗教都有兴趣;喜欢画画;喜欢音乐;等等。20世纪60年代,他开始接触并喜欢上了摄影,不仅拍照,还自学了照片冲洗技术,每张照片冲洗出来,都要在背面认真地记录下拍照时的天气状况、光圈大小、曝光时间,以便不断提高摄影水平。只是后来工作任务逐渐加重,这些休闲活动与业余爱好差不多都被放弃了。文艺书籍只能挤时间读,画画则彻底搁置,曾经的作品也都不知去向,唯一留下的是一张1963年创作的水彩画《虾》;摄影活动则演变为每次出差忙里偷闲拍一些风景照,带回家与亲友分享。到了晚年,徐旭常最奢侈的娱乐,就是参观博物馆,每次出国,那是他必定要去的地方。他还曾给自己买过一根十分考究的鱼竿,想着等空闲下来发展一项新爱好。可惜,那根鱼竿自从买回来放在墙角,就再也没有动过。

在徐旭常的生命中,工作的重要性是毋庸置疑的。2010年7月,在他刚刚得知自己患了胃癌并已发展到晚期后,第一时间拨打了上海交通大学副教授王恩禄的电话,当时,王恩禄正在跟他读在职博士研究生。两人的师生关系开始于2004年,不过在此之前,他们已经相识5年。那个时候,每逢春天徐旭常待在北京都会花粉过敏,因此从1999年开始,他每年会到上海小住一段时间,期间担任上海交通大学的客座教授。当时,上海交通大学安排硕士研究生毕业便在学校参加工作的王恩禄协助徐旭常安排行程、处理日常事务,两人由此结缘,而且很投缘,后来甚至成了忘年交。2001年左右,上海交通大学要求学校在职研究人员必须取得博士学位,王恩禄不够条件,于是徐旭常主动提出了招收他为博士生的意向。王恩禄后来回忆说,他虽然早有跟随徐旭常读博的想法,但一直憋在心里不敢说出来,徐旭常主动提出带他,让他甚为感动。

2004年招收王恩禄为在职博士研究生,本来应该在2007年毕业,但是由于王恩禄自己在上海交通大学也有教学任务和研究课题,平时工作繁忙,博士研究成果虽然已经成形,毕业论文却一直拖着没写,所以一直不能正式毕业。在 2010 年之前，徐旭常看到自己的学生并非在无故拖延，因此也不催他，也没有因为王恩禄身在上海很少参与清华大学课题组的科研任务而责备他，还主动为他在"燃煤污染物干法联合脱除的基础研究""973 项目"中申请了一个子课题，极力帮助他更好地完成博士研究生毕业论文。直到得知自己生病之后，徐旭常觉得不能再拖了，再拖下去，恐怕就不能亲眼看着这个学生顺利拿到学位了。

远隔千里，师生二人在那段时间时常通过电子邮件或者电话交流论文写作事宜。好在王恩禄的博士研究课题早已做完，论文写得比较顺利，就在徐旭常刚刚过完自己的金婚纪念日之后，王恩禄带着打印好的论文来到了恩师的家中。当时徐旭常已经没有力气自己行动，由儿媳妇范晓红扶着，才颤颤抖抖地把自己的名字签在了论文上。签完字后，徐旭常专程派了自己工作中的得力助手陈昌和到上海交通大学替他担任王恩禄的博士毕业答辩委员会委员。因此，王恩禄成了徐旭常名下最后一个博士毕业生。

住院期间，每当徐旭常科研团队的成员去看望他，他总要和他们讨论科研中遇到的问题，探讨新的研究方向和发展趋势。每当这时，他丝毫顾及不到自己的病情和化疗毒副作用带给他的痛苦。有的时候，他能在电话中和同事讨论科研问题达 1 小时甚至更长时间。

后来，在徐旭常的身体逐渐衰弱的时候，他又开始和每一个看望他的同事交代后续工作。去世前两三个月，他把自己课题组中的教师一个一个叫到家里面谈，内容主要有两个方面，一方面是工作，哪些研究方向将来可能有大发展，哪些方向做下去意思不大；另一方面是讨论课题组的未来发展，哪些方面需要加强，哪些方面需要引进新人，学生如何分配，等等。

即使不是自己的学生和同事，只要是探讨学术问题，徐旭常一直是"来者不拒"的。2011 年 2 月 15 日，时任华中科技大学能源与动力工程学院副院长的周怀春还没有到清华大学任教，那天，他从哈尔滨到武汉，特意经停北京，到清华大学约见姚强，一方面和他讨论到清华大学热能工程系工作的可能性，再就是想看望正在医院住院的徐旭常。当时，徐旭常因为病情恶化再次住进了医院，虽然神志尚清醒，但生命体征不稳，出现了房颤、无力排痰等状况，因此医院不允许亲友到病房探望，姚强只能打电话给他，让周怀春与他通了电话。周怀春后来回忆说，隔着电话，他感觉徐旭常并不像一个病重之人，说话中气十足，还饶有兴趣地根据周怀春的工作特点建议他对煤粉炉内燃烧过程中碳烟的生成及其分布进行研究。周怀春既非徐旭常的学生，也非他的同事，他们只是2005年在美国举行的一次国际会议上交流过一些学术问题，但徐旭常依旧认真到无以复加。当日，周怀春离开姚强办公室后，在离开清华大学的路上，又接到徐旭常从病房打来的电话，进一步建议他可以在实验室做煤粉燃烧实验，这样更容易对煤燃烧产生碳烟的过程进行检测分析。

之后，徐旭常身体越来越差，2011年3月18日下午4时58分，在众多亲友的陪伴下，他停止了呼吸，永远地离开了自己毕生热爱的学术事业。

但就在那两天前，3月16日晚上，在徐旭常短暂的"清醒"时间，他让徐纪清帮他记录下了最后一段关于工作的口述："独立发动机点火，停三分钟，加燃料，逐渐升温，到额定值，维持十分钟，做超载试验三分钟，熄火停机，冷却到正常情况，试验成功。证明在生病时，做了些特别困难的事情，全称为'独立发动机全负荷燃烧制动超载试验'，记录了全过程。"

亦梦亦醒，他最关心的还是工作。

回顾徐旭常的一生，在长达55年的教学和研究生涯中，他从来没有任何豪言壮语，只知在工作中瞄准方向，踏踏实实地往前走，用尽一生气力实现了早年间立下的"努力学习科学技术""为国家做点事"的诺言。即使遇到困难、阻挠、误解，他也从来无怨无悔，始终保持着进取之心与行动之态，将全部的精力都贡献给了自己所从事的能源与环保事业。

结 语

在当今这个浮躁的社会，人们普遍觉得，想静下心来踏踏实实地做一项工作并非易事。然而，纵观徐旭常院士的一生，早年时期的动荡、中年时期的骚乱、晚年时期的浮躁，他全都经历过，而这些并没有阻止他的目光与脚步，他一辈子保持着低调的姿态，却没有因为任何外界阻力而停滞不前，最终成长为中国本土培养出来的第一代科研工作者的杰出代表。

成功不是一蹴而就的，它是徐旭常院士少年立志，坚持终身学习和努力的结果。成长在战争年代与新中国刚成立时急速发展的时期，锤炼了他坚定的意志力与人生志向；偏于内向的性格，让他可以心无旁骛地专注于自身的成长和他所从事的工作；甚至于持续一生的疾病困扰，对于他的事业发展也是有决定性作用的，身上的病痛让他时刻提醒自己，一次只做一件事就好，从而少了许多浮躁。他始终乐于尊重事物本身的发展规律，本着"有所为，有所不为"的态度，瞅准自己的方向，长期坚持不懈。

徐旭常院士的人生成就，与他笃信笃行了一辈子的行为模式是分不开的。在为人方面，他对自己负责任，对他人尊重，从来不搬弄是非，对于学术上的不同意见，能够与同事、学生以平等身份进行讨论，求同存异。

在为学做事方面,他坚持学懂、学透,从来不敢懈怠马虎,遇事不迷信权威,总要在认真思考后才会下结论。在教书育人方面,他践行"行胜于言"的古训,春风化雨、润物无声,身体力行为学生做表率。在合作交流方面,他始终胸怀开放、视野开阔,敢于登上国际学术舞台,同国内外高水平学者建立了广泛联系。

同时,我们注意到,在徐旭常院士的人生道路上,良师益友的帮助与支持功不可没。上海中学时期工科启蒙老师顾锦城的循循善诱,清华大学的恩师冯俊凯先生的率先垂范,同行周力行在学术方面的切磋交流,同事徐秀清、毛健雄、王云山、金茂庐等人的配合与支持,学生陈昌和、姚强等人对老师学术志向的传承,所有这些,都对徐旭常院士的人生轨迹与科研旅途产生过重要的影响。

以上种种,共同推动徐旭常院士为社会经济发展做出了常人难以企及的巨大贡献,同时也形成了他独特的教书、育人、科研特色。

总结徐旭常院士的后半生,我们可以发现,他的科研道路带有明显的个人特点。

第一个特点是瞄准国家重大需求搞科研,坚持理论联系实际,善于发现与总结一般规律,最终成功用自己的科研成果服务于国民经济发展。徐旭常院士系统地涉足科研工作是从1978年"科学的春天"到来时开始的,那时,电站煤粉锅炉燃烧稳定性问题受到了国内外学术界的普遍关注,他带领研究团队经过反复的实验研究和理论分析,提出了"煤粉燃烧稳定性三高区原理",发明了煤粉预燃室燃烧器和船形燃烧器,大幅度提高了电站煤粉锅炉燃烧稳定性,从而为国家节省了巨额的油基燃料成本,同时也成功开辟了低氮氧化物排放的煤粉燃烧新方法。

第二个特点是注重前瞻性,不断探索新研究方向,持续引领国内学术方向。在20世纪80年代,国内学界还不太关注煤炭燃烧过程中二氧化硫和氮氧化物的排放,那时,徐旭常院士就已经率领研究组开始研究半干法烟气脱硫、液柱湿法烟气脱硫、烟气循环流化床脱硫等技术。这些技术由清华同方在全国范围内大规模推广应用,让我国具有自主知识产权的脱硫技术在市场上占有了一席之地。

第三个特点是注意学科交叉融合，在交叉中寻求新的突破。多年来，国内外燃煤锅炉普遍采用石灰石—石膏湿法烟气脱硫技术，这种脱硫方法会产生大量的副产品——脱硫石膏，如果处理不好，很容易造成二次污染。徐旭常院士在国际上率先利用脱硫石膏进行大面积碱化土壤改良。事实证明，这条将能源学科和农业学科交叉融合的路线不但解决了脱硫石膏资源化利用问题，还可以改善盐碱地区的生态环境，增加耕地面积，符合国家发展农业、增加能源、保护环境和实施循环经济的发展战略，是一个成本低而且能立即收到显著效果的多赢项目。

第四个特点是提倡科学研究无禁区，注意继承积累和开展系统化研究。在徐旭常院士长达 55 年的教学和科研生涯中，一方面他在不断创新，另一方面他又始终坚持研究的继承和积累。借由此，他的研究领域在不断扩展，从最早的煤粉燃烧数值模型到煤粉燃烧稳定性研究，到燃煤锅炉脱硫脱硝，再到脱硫副产物循环利用；从燃煤常规污染物排放控制，到燃煤重金属排放控制，到燃煤二氧化碳减排，再到探讨燃煤污染物联合脱除，一步步向前推进，很好地解决了继承积累与创新的关系，取得了一系列科研成果。

此外，徐旭常院士也在探索杰出人才培养模式，力图创建宽松的学术环境、严格的学术标准，培养出了一批杰出新生代学者，现如今，他们活跃在锅炉、燃烧、污染防治等多个科研领域。所谓春晖遍四方，徐旭常院士用其一生时光，为我国热能工程等学科的发展做出了持久和重要的贡献。

附录一　徐旭常年表

1932 年

10 月 29 日，出生于江苏常州周线巷祖宅。

祖父徐隽（1882—1946），字果人，清光绪年间中了举人，成为常州当地有名的士绅，后投身教育、实业、政治等多个领域。

父亲徐毓湘（1904—1966），字一鸣，毕业于北京法政大学法律系，并取得了律师资格。母亲张琳瑛（1905—2001），家庭妇女。

1933 年

弟弟徐鼎常（1933—1997）出生。

出水痘并发肺炎，经中西医联合治疗转危为安。

1934 年

第一个妹妹出生。后因患脑膜炎医治无效，夭折于苏州。

1937 年

抗日战争爆发后，跟随家人由常州戚墅堰码头沿河逃难至太湖中的马迹山避难，后搬至苏州。

1938 年
与哥哥徐炳常（1931—2000）一起进入苏州一所教会学校晏成中学附小一年级就读。

1941 年
搬家到苏州东花桥巷底山茶树头 2 号。

1942 年
小学三年级，转学到苏州纱缎小学（今苏州善耕小学）。

1943 年
春季，和两个兄弟一起，随父母前往上海，定居在福煦路（今延安中路）四明村 69 号。就读于明村小学。

1944 年
小学毕业后，进入民立中学初中部。学习成绩较好，每年都能申请到助学金。

1945 年
抗战胜利后，父亲到棉纱同业公会任职员，靠微薄的薪金维持全家生计。因家中先后又添了两个妹妹，生活拮据。

1947 年
7 月，从民立中学初中毕业。
9 月，进入江苏省立上海中学工科班。

1949 年
7 月 6 日，参加上海市庆祝解放大游行。
12 月，加入新民主主义青年团，成为上海市第一批团员之一。

1950 年

4 月，高中尚未毕业，参加抚顺矿山工业专门学校招生考试并被录取。

5 月 18 日，乘火车赴东北求学。

7 月，收到上海中学毕业证书。

12 月，响应学校号召，报名参加军事干部学校招生，未被批准。

1951 年

1 月，随东北工学院抚顺分院迁往长春，与鞍山分院合并成立东北工学院长春分院。

1952 年

随东北工学院长春分院迁至沈阳铁西本部，被分配到蒸汽动力专业学习。

1953 年

响应国家号召，提前一年毕业。转入东北工学院暖气通风专业研究生班学习。

9 月，被分配到清华大学动力机械系热力发电设备专业研究生班学习。

1954 年

10 月，受清华大学委派，前往哈尔滨工业大学动力机械系锅炉研究生班，跟随苏联专家学习锅炉专业课程。

1955 年

6 月，回清华大学汇报学习情况时，发现患有空洞型肺结核以及结核性肠炎，在清华大学校医院和北京结核病医院住院治疗，3 个月后痊愈。

9 月，回到哈尔滨工业大学继续学习，由于身体虚弱，处于半休状态达半年之久。

1956 年

2 月，开始准备毕业设计，选题为在当时看来难度比较大的发电用大型直流锅炉设计。

6 月，顺利通过毕业答辩。

7 月，回清华大学动力机械系锅炉设备教研组担任助教，开始教学工作。

10 月，担任清华大学动力机械系系秘书，协助系主任管理科研工作，但很快被降职。

1959 年

冬季，与何丽一相识并恋爱。

1961 年

1 月，与何丽一在北京登记结婚。

春节前，与何丽一回苏州、上海拜见双方父母和亲友，并在上海举办婚礼。

8 月，晋升为清华大学讲师，被抽调进入新成立的燃烧教研组，开设"燃烧学"课程。

1963 年

长子徐纪清出生，何丽一单位分配给一间平房。

1964 年

8 月，编写完成我国第一部《燃烧学》教材，由清华大学出版社出版。教材共 51 万字，分上下两册，上册为《燃烧理论》，下册为《燃烧技术基础》。

1965 年

次子徐纪民出生。

1966 年

冬季，患急性黄疸性肝炎，在北京第二传染病医院隔离治疗，半年后出院。

1969 年

5 月，作为清华大学"五七战士"中的一员，前往江西省鄱阳湖畔的鲤鱼洲农场接受劳动改造。

1970 年

在鲤鱼洲农场担任"虫倌"。

1971 年

10 月，从鲤鱼洲农场返回清华大学，确诊感染血吸虫病。

开始给工农兵学员讲授《燃烧学》课程。

1972 年

与同事合作编写的《沸腾燃烧锅炉》由科学出版社出版，对中国推广应用沸腾燃烧锅炉起了很大促进作用。

10 月，开始煤粉预燃室燃烧器的试验研究工作。

1974 年

1 月，完成煤粉预燃室燃烧器的试验研究工作。

12 月，与同事和学生在《清华北大理工学报》发表论文《煤粉预燃室锅炉的试验研究》。

1976 年

开始进行电站锅炉炉膛辐射传热的数值模拟计算。

1977 年

改进之后的煤粉预燃室燃烧器成功应用在内蒙古乌达电厂一台 35 蒸吨/时电站锅炉上，取得良好的稳燃、节油效果。

1979 年

9 月，被聘任为清华大学副教授。开始有较多时间从事系统性的科研工作。

冯俊凯教授主导编写的《锅炉原理及计算》出版，徐旭常参与撰写了其中的 15 万字。

开始招收硕士研究生。招收硕士研究生赵永福。

1980 年

1 月，被评为清华大学系级先进工作者。

4 月，被聘为中国工程热物理学会编辑工作委员会委员。

8 月，赴加拿大参加第 18 届国际燃烧会议并宣读论文 *Mathematical modelling of three-dimensional heat transfer from the flame in combustion chamber*。

一家 4 口从 15 平方米的平房搬入小两居楼房。

1981 年

10 月，参加黄山传热传质学学术会议并宣读论文《火焰三元传热过程数学模拟在电站锅炉中的应用》。

1982 年

与同事一起接待来华考察、筹备 1983 年国际沸腾燃烧及应用技术学术会议的 3 名美方代表，陪同其到河北省考察沸腾炉应用情况。

1983 年

8 月，参加第一届国际沸腾燃烧及应用技术学术会议。

9月，35—670蒸吨／时电站锅炉预燃室燃烧器获水利水电部科技成果二等奖。

招收硕士研究生姚强、牛建磊。

1984年

2月，因在35—670吨／时电站锅炉预燃室燃烧器开发中的重大贡献，受到国家经济委员会表彰。

6月，煤粉预燃室燃烧器获得国家发明三等奖。

6月，获得清华大学科研成果应用效益显著奖。

12月，论文《火焰三元传热过程数学模拟在电站锅炉中的应用》获得1984年度清华大学热能工程系优秀学术论文奖。

12月，受到北京市高等教育局、北京市教育工会表彰。

12月，旋流式煤粉预燃室燃烧器被授予发明专利，专利号：85100045.2。徐旭常为第一发明人。

开始招收博士研究生。招收博士研究生施学贵，硕士研究生蒋绍坚。

1985年

3月，出任中国工程热物理学会燃烧学分会副主任。

9月，被聘为清华大学教授、博士生导师。

10月，大型电站煤粉燃烧技术被国家科委、计委、经委评为国家科技进步奖二等奖。徐旭常为第二承担单位第一作者。

10月，预燃室节油技术在火电厂燃煤锅炉上的推广应用获国家科技进步奖二等奖。

火焰稳定船式直流煤粉燃烧器被三国授予发明专利，中国发明专利号：851094368，德国专利（Deutsches patentamt 68634905.8），英国专利（UK Patent GB2186070A）。

提出"煤粉燃烧稳定性三高区原理"。

受聘为中国工程热物理学会编辑工作委员会编委。

招收硕士研究生赵宝忠、姜鹏志。

1986 年

4 月，获评"清华大学先进工作者"称号。

5 月，煤粉燃烧技术获国家经委颁发的国家"六五"科技攻关先进奖。徐旭常为第二完成单位第一作者。

与王应时、范维澄、周力行合作编写的《燃烧过程数值计算》由科学出版社出版。

招收博士研究生梁勇军，硕士研究生赵平、张少鸿。

1987 年

9 月，和周力行共同担任第一届国际煤燃烧会议程序委员会主席。

10 月，参加在四川峨眉举办的中国工程热物理学会燃烧学学术会议，并宣读论文《关于煤粉火焰稳定性和煤粉预燃室及火焰稳定船的作用》。

12 月，获得国务院人事部授予的"有突出贡献的中青年专家"称号。

12 月，新型多功能直流煤粉燃烧器试验研究获水利水电部科技成果二等奖。

招收博士研究生秦彪，硕士研究生方青、凌麟。

1988 年

1 月，参与编导的《锅炉原理及计算》被国家教委评为"国家教材一等奖"。

6 月，新型多功能直流煤粉燃烧器研究及应用研究获水利电力部科学技术进步奖二等奖。

8 月，赴美国西雅图参加第 22 届国际燃烧会议。

受聘为清华大学热能工程专业教学指导委员会副主任。

受聘为清华大学热能工程系学术委员会委员。

招收博士研究生章明川，硕士研究生詹华忠、石琪。

1989 年

11 月，带火焰稳定器的煤粉燃烧器获世界知识产权组织和中国专利局颁发的创造发明金奖。

12月，火焰稳定船式直流煤粉燃烧器获得国家发明二等奖。

担任美国机械工程学会（ASME）多相流技术委员会委员，至1994年。

1990年

3月，赴日本访问。

6月，带多层锥分离装置的煤粉燃烧器获发明专利。

7月，赴法国、苏联进行学术交流。

9月，加入中国共产党。

与毛健雄、曾瑞良、陈昌和合作编写的《燃烧理论和燃烧设备》由机械工业出版社出版。

招收博士研究生徐福州、孙保民，硕士研究生姜科、陆肖马。

1991年

9月，赴日本东京参加盐碱化及酸性化对陆地生态系统的危害及修复国际会议。

10月，与周立行共同担任第二届国际煤燃烧会议主席，并在大会上做报告。

10月，开始享受国务院政府特殊津贴。

11月，主持召开中国工程热物理学会燃烧学学术讨论会。

被聘为国际燃烧学会论文评审委员会委员。

招收硕士研究生王世昌。

1992年

长子徐纪清结婚。

出任煤的高效低污染燃烧国家重点实验室煤粉燃烧研究组组长。

被国家教委科技司聘为煤和石油的高效率低污染燃烧过程的基础研究项目专家委员会委员。

招收硕士研究生唐庆。

1993 年

6 月，火焰稳定船式直流煤粉燃烧器的推广应用获教育部科技进步奖二等奖。

9 月，参加电力部大型电站锅炉燃烧技术研讨会。

10 月，与毛健雄一起赴韩国首尔参加第五届国际清洁能源会议，应邀访问韩国能源研究所。

出任国家科技攀登计划煤粉燃烧有害产物污染控制研究课题负责人。

出任国际燃烧学会中国分会副主任。

招收硕士研究生范宏丽。

1994 年

孙子徐劭旸出生。

6 月，被聘为《燃烧科学与技术》编委会委员。

8 月，获中国工程院院士候选人提名。

9 月，参加南欧燃烧学术会议，并赴葡萄牙、意大利访问。

参加在美国加州大学 Irvine 分校举办的第 24 届国际燃烧会议。

出任日、美、中国际合作研究煤粉燃烧及污染控制项目的中方负责人。

出任清华大学煤的清洁燃烧技术国家重点实验室学术委员会副主任，至 2003 年。

招收博士研究生刘向军，硕士研究生张文斌。

1995 年

7 月，赴美国访问并参加第 6 届国际气体颗粒两相流学术会议。

当选为中国工程院能源与矿业工程学部院士。

受聘为国家自然科学奖评审委员会委员，至 2002 年。

与周立行共同担任第三届国际煤燃烧会议主席。

招收直博士研究生郑昌浩。

1996 年

1 月，被聘为煤炭工业洁净煤工程技术中心顾问，至 2010 年。

6 月，被聘为国家自然科学基金委员会第六届评审组成员。

9 月，筹办第一届中韩清洁能源技术研讨会，担任大会主席。

10 月，荣获何梁何利科技进步奖。

12 月，中国动力用煤——锅炉设计型谱获得机械部科技进步奖二等奖。

开始和日本东京大学教授定方正毅合作，利用烟气脱硫石膏进行盐碱地改良试验研究。

出任中日美（清华大学、东京大学、麻省理工学院）联合科研项目——多功能烟气脱硫项目总负责人。

赴意大利那不勒斯大学参加第 25 届国际燃烧会议，并赴芬兰、瑞士、德国和意大利访问。

招收博士研究生时黎明、王爱军。

1997 年

1 月，赴美国访问。

5 月，赴日本大阪大学参加第一届亚太燃烧会议，并宣读论文《煤粉燃烧过程的数值模拟——随机轨道模拟的统计方法》。

5 月，赴日本东京大学参加日本新能源产业技术综合开发机构（NEDO）会议。

9 月，受聘为上海交通大学能源学院兼职教授。

11 月，参加厦门洁净煤学术会议。

出任中国电机工程学会技术委员会委员，至 2011 年。

招收博士研究生张文斌、杨立寨。

1998 年

4 月，被聘为国家自然科学基金委员会第七届学科评审组成员。

6 月，参加中国工程院能源与矿业工程学部会议。

10 月，中温干式循环流化床烟气脱硫方法及装置获得实用新型专利，专利号：98120507.0。

10月，赴日本东京大学访问。

11月，赴韩国参加第二届中韩清洁能源技术研讨会，担任中方主席。

11月，参加第七届全国大气环境学术会议。

招收博士研究生樊保国、梁占刚。

1999年

2月，赴丹麦、奥地利访问。

5月，赴中国台湾成功大学和新竹清华大学访问，并参加在成功大学举办的亚太燃烧（ASPACC-99）学术会议。

8月，参加上安电厂1025/18.2-Ⅱ型W火焰锅炉产品鉴定会。

8月，担任第四届国际煤燃烧会议主席。

9月，主持召开电站及工业锅炉燃烧技术学术会议。

11月，参加中国工程热物理学会燃烧学学术会议。

在内蒙古托克托县伍什家村多年荒芜的重碱地上进行脱硫石膏改良盐碱地大田试验。

在辽宁沈阳化肥总厂建成有中国自主知识产权的燃煤锅炉湿法烟气脱硫装置。

被聘为东南大学洁净煤燃烧技术教委重点实验室学术委员会主任。

出任中国工程热物理学会常务理事、燃烧学分会主任，至2004年。

招收博士研究生项光明、陈群、侯波。

2000年

5月，参加焦作电厂国家电力公司低NO_x燃烧技术研讨会。

7月，参加中国环保产业协会锅炉炉窑消烟除尘委员会换届会议。

10月，参加工程科学技术大会。

新型液柱烟气脱硫除尘集成技术通过教育部科技成果鉴定。

担任第三届中韩清洁能源技术研讨会主席。

出任国际燃烧学会中国分会主席（至2004年），并当选为国际燃烧学会理事（至 2008 年）。

招收博士研究生王世昌、杨晓勇、仇轶，硕士研究生蔡毅。

2001 年

4 月，参加东北大学北京校友会庆祝东北大学建校 78 周年献计献策大会。

8 月，参加国家环保总局组织的 14000 吨南宁市冶炼厂烟气脱硫工程科技成果鉴定会。

12 月，被聘为东南大学洁净煤发电及燃烧技术教育部重点实验室学术委员会主任委员。

在清华大学实验电厂建成半干法循环流化床烟气脱硫工程示范装置。

招收博士研究生佟会玲、赵海亮。

2002 年

赴韩国参加第四届中韩清洁能源技术研讨会，担任中方主席。

5 月，干式脱硫剂床料内循环的烟气脱硫方法及装置技术示范工程通过教育部科技成果鉴定。

招收博士研究生孟忠伟、雷俊勇。

2003 年

8 月，赴山东省泰安市参加中国泰山院士论坛。

11 月，燃煤烟气脱硫副产物改良不良土壤的研究与示范项目通过教育部科技成果鉴定。

11 月，担任第五届国际煤燃烧会议主席。

11 月，被聘为全国电力出版指导委员会专家组专家。

12 月，被聘为同济大学兼职教授。

体检时发现患了开角型青光眼，视力下降，严重影响了工作效率。

招收博士研究生李玉忠。

2004 年

3 月，应邀赴常州工学院参加院士论坛活动。

10 月，参加清华大学主办、青岛科技大学承办的第五届中韩清洁能源技术研讨会，担任会议主席。

12 月，带队赴宁夏银川西大滩考察，决定与宁夏大学合作，在碱化度较高的白僵土上进行脱硫石膏改良碱化土壤试验。

招收博士研究生李飞、李天津。

2005 年

5 月，应邀在中国环境保护产业协会主办的大气污染控制——烟气脱硫技术专题研修班上讲课。

10 月，随中国工程院院士代表团出访考察欧洲先进洁净煤技术。

12 月，向哈尔滨工业大学博物馆捐赠个人简介和电子版照片等实物，馆藏号：SZH184。

招收博士研究生张亮、陶叶。

2006 年

4 月，参加《燃料化学学报》创刊 50 周年刊庆大会。

5 月，在宁夏暖泉农场和前进农场利用脱硫石膏改良盐碱地 1000 亩。

8 月，率队赴德国海德堡参加第 31 届国际燃烧会议，并代表清华大学成功申请到 2010 年第 33 届国际燃烧会议举办权。

9 月，赴美国密苏里州圣路易斯参加 Research and Demonstration of Agricultural Uses of Gypsum and Other FGD Materials 研讨会，在会上做了 45 分钟的主题发言。

10 月，参加第七届中美工程技术研讨会环保组会议。

10 月，参加在韩国举办的第六届中韩清洁能源技术研讨会，任中方主席。

10 月，获中国工程热物理学会燃烧学分会杰出成就奖。

12 月，参加中国工程院 2006 中国太阳能源发展战略论坛。

12月，被聘为中国电机工程学报编辑委员会委员。

招收博士研究生杨新芳、赵宇峰。

2007 年

8月，作为专家组组长评审科技部"十一五"国家科技支撑计划中的黄河河套地区盐碱地改良及脱硫废弃物资源化利用关键技术研究与示范项目。

12月，担任第六届国际煤燃烧会议主席，主持大会开幕式。

被聘为澳大利亚Curtin大学兼职教授，至2008年。

主持召开由中国电力企业联合会组织的高效能免维护大功率声波清灰器的成果鉴定会。

招收博士研究生周姗。

2008 年

1月，燃煤烟气脱硫废弃物改良碱化土壤技术获教育部颁发的高等学校科学技术奖技术发明二等奖。徐旭常为第二作者。

8月，与周力行共同主编的《燃烧技术手册》由化学工业出版社出版。

10月，参观兖州煤矿。

招收博士研究生刘恺。

2009 年

1月，获北京市教育委员会、北京市学位委员会颁发的荣誉证书。

7月，被确诊患前列腺癌，在北京协和医院治疗后逐渐康复。

8月，赴宁夏参加盐碱地改良利用高峰论坛。

9月，赴陕西省西安市参加上海普华中心第十二届一次理事会。

11月，与陈昌和一起访问中环工程有限公司，被聘为中环工程院士工作站进站院士。

11月，参加清华大学—剑桥大学—麻省理工学院低碳能源大学联盟成立大会暨学术报告会。

12月，参加河北工程大学承担的燃煤锅炉中掺烧煤层气（瓦斯）研究项目鉴定会，担任鉴定委员会主任。

2010 年

2月，参加由中国国际咨询公司组织召开的东方锅炉300-350MW超临界CFB锅炉方案设计评审会，担任专家评审组副组长。

6月，参加中国工程院第10次院士大会，并主持召开由中国工程院农业学部和能源与矿业学部主办的能源与环境的协调生态建设以及碱化土壤改良和荒漠化治理研讨会。

6月底，被确诊患胃癌晚期。

7月，住进中国医学科学院肿瘤医院接受化疗。

8月，第33届国际燃烧会议在清华大学成功举办。

12月，出院回家修养。

2011 年

2月，再次住进中国医学科学院肿瘤医院。

3月18日，因病逝世。

附录二 徐旭常主要论著目录

一、论文

[1] 清华大学电力系锅 0 班煤粉予燃室毕业实践组. 煤粉予燃室锅炉的试验研究 [J]. 清华北大理工学报, 1974 (12): 53-70.

[2] 徐旭常, 林瑞庸. 换热器的工程试验研究方法 [J]. 工程热物理学报, 1980, 1 (4): 384-392.

[3] Xu-Chang Xu. Mathematical Modelling of Three-Dimensional Heat Transfer from the Flame in Combustion Ghamber [J]. Symposium (International) on Combustion, 1981, 18 (1): 1919-1925.

[4] 徐旭常. 火焰三元传热过程数学模拟在电站锅炉中的应用 [J]. 工程热物理学报, 1982, 3 (2): 81-86.

[5] 徐旭常, 张以仁. 煤粉预燃室燃烧器的试验研究 [J]. 动力工程, 1983 (1): 17-23.

[6] 徐旭常. 燃烧室中流场的时间推进法数值计算及湍流模型的改进 [J]. 工程热物理学报, 1986, 7 (1): 31-37.

[7] 徐旭常, 曾瑞良, 金茂庐, 等. 预燃室中煤粉火焰稳定原理 [J]. 动力工程, 1987 (6): 16-22.

[8] 徐旭常, 王云山, 金茂庐, 等. 关于煤粉火焰稳定性和煤粉预燃室及

火焰稳定船的作用［J］．工程热物理学报，1988，9（4）：384-389.

［9］Chen C H, Xu X C. Numerical Simulation of Flame Radiation Heat Transfer with the Number Theory Grids and Regular 20-Hedron Cell Method［C］// Proceedings of the 3rd Intern. Symposium on Heat Transfer. Beijing, 1988：716-725.

［10］施学贵，徐旭常，冯俊凯．颗粒在湍流气流中运动的受力分析［J］．工程热物理学报，1989，10（3）：320-325.

［11］赵平，徐旭常，陈昌和，等．预燃室中煤粉颗粒弥散的研究［J］工程热物理学报，1991，12（3）：314-319.

［12］章明川，徐旭常．煤粉颗粒着火模式的研究［J］．热力发电，1992（1）：5-11，62.

［13］路霁鸰，徐旭常．加福无烟煤粉燃烧动力学参数测定［J］．工程热物理学报，1993，14（3）：327-331.

［14］徐旭常，施学贵，陈昌和．煤粉火焰稳定原理——"三高区"原理的实验验证和数值模拟分析［J］．锅炉技术，1994（1）：2-7，34.

［15］徐旭常．先进的低污染煤粉燃烧技术［J］．煤炭转化，1994，17（3）：65-71.

［16］Xu Xuchang, Sun Baoming. The Statistical Method of Stochastic Trajectory Simulation of Reacting Gas-Particles Two-Phase Flow, American Society of Mechanical Engineers, Fluids Engineering Division (Publication) FED, 1995, 288：81-86.

［17］钟北京，徐旭常．低NO_x煤粉燃烧器的设计原理［J］．动力工程，1995，15（5）：18-23.

［18］徐旭常．低费用烟气净化新技术［J］．洁净煤技术，1996，2（1）：12-16.

［19］禚玉群，徐旭常．炉内喷钙脱硫过程数值模拟［J］．工程热物理学报．1997，18（3）：375-379.

［20］徐旭常，陈昌和．燃煤SO_2、NO_x防治与生态优化的策略及研究计划［J］．科技导报，1998（9）：3-5，38.

[21] Rong He, Xuchang Xu, Changhe Chen. Evolution of Pore Fractal Dimensions for Burning Porous Chars [J]. Fuel, 1998, 77 (12): 1291-1295.

[22] 范宏丽, 徐旭常, 王世昌. 煤粉的煤岩和燃烧特性研究 [J]. 工程热物理学报, 1999, 20 (4): 315-319.

[23] Xuchang Xu, Changhe Chen, Haiyin Qi et al. Development of coal combustion pollution control for SO_2 and NO_x in China [J]. Fuel Processing Technology, 2000, 62: 153-160.

[24] Liming Shi, Xuchang Xu. Study of the Effect of Fly Ash on Desulfurization by Lime [J]. Fuel, 2001, 80 (11): 1969-1973.

[25] 刘惠永, 徐旭常, 姚强, 等. 燃煤电厂飞灰含碳量与PAHs有机污染物吸附量之间相关性研究 [J]. 热能动力工程, 2001, 16 (4): 359-362.

[26] Xuchang Xu, Qun Chen, Hongli Fan. The Influence of High-Temperature Crystallite Growth and Petrography of Pulverized Char on Combustion Characteristics [J]. Fuel, 2003, 82 (1): 853-858.

[27] 徐旭常, 陈昌和, 祁海鹰, 等. 我国燃煤污染控制技术与对策的研究 [J]. 苏州科技学院学报, 2003, 16 (1): 8-15.

[28] 徐旭常. 我国城市空气的燃烧源可吸入颗粒物的污染与防治 (摘要) [C] // 中国科学技术协会学会学术部. 中国科协2003年学术年会大会报告汇编. 北京, 2003: 171-172.

[29] 徐旭常, 陈昌和, 王淑娟. 西部燃煤电站开发与生态环境 (上) [J]. 节能与环保, 2003 (4): 6-9.

[30] 徐旭常, 陈昌和, 王淑娟. 西部燃煤电站开发与生态环境 (下) [J]. 节能与环保, 2003 (5): 4-7.

[31] You C F, Qi H Y, Xu X C. Drag Force in Dense Gas-Particle Two-Phase Flow [J]. ACTA MECHANICA SINICA, 2003, 19 (3): 228-234.

[32] 郑昌浩, 徐旭常, 唐庆. 非正交贴体网格体系模拟炉内燃烧过程 [J].

工程热物理学报，2003，24（2）：331-334.

[33] 刘向军，徐旭常. 稀密气固两相流中颗粒密集效应的定量研究与应用［J］. 燃烧科学与技术，2004，10（2）：120-124.

[34] 王世昌，徐旭常，姚强. CaO 颗粒烟气脱硫反应最佳反应温度的实验研究［J］. 热能动力工程，2004，19（5）：454-457.

[35] 郑昌浩，徐旭常. Lagrangian 随机轨道方法在三维非光滑贴体网格内的应用［J］. 动力工程，2004，24（4）：584-588.

[36] Xu Xuchang, Wang Zhigang, Zhuo Yuqun, et al. False Diffusion in Numerical Simulation of Combustion Processes in Tangential-Fired Furnace [J]. Journal of Mechanical Science and Technology, 2007, 21: 1828-1846.

二、著作

[1] 徐旭常. 燃烧学（上、下）［M］. 北京：清华大学出版社，1964.

[2] 徐旭常，等. 沸腾燃烧锅炉［M］. 北京：科学出版社，1972.

[3] 冯俊凯，徐旭常，等. 锅炉原理及计算［M］. 北京：科学出版社，1979.

[4] 王应时，范维澄，周立行，等. 燃烧过程数值计算［M］. 北京：科学出版社，1986.

[5] 徐旭常，等. 燃烧理论与燃烧设备［M］. 北京：机械工业出版社，1990.

[6] 徐旭常，周力行. 燃烧技术手册［M］. 北京：化学工业出版社，2008.

参考文献

[1] 施建平,刘丹. 盛宣怀. 青果巷里走出的"非常之人"[J]. 档案与建设,2017(7):41-43.

[2] 李嘉曾. 我国超常教育先驱者沈亦珍的教育思想与实践[J]. 东南大学学报(哲学社会科学版),2003,5(2):118-121.

[3] 蔡明恩,陈善祥. 人生道路从这里开始[G]// 上海中学工科班1950级毕业生. 七彩历程——纪念上海中学成立145周年.

[4] 中共上海市委党史研究室,上海市档案馆. 南下服务团[M]. 北京:中共党史出版社,1999.

[5] 上海市失业工人救济委员会. 上海市失业工人救济委员会关于失业工人暂行办法实行细则(1950年)[A]. 上海市档案馆 B129-1-1-36.

[6] 上海市失业工人救济委员会. 上海市失业工人救济委员会关于救济工作的总结报告(1950年)[A]. 上海市档案馆 B129-1-2-9.

[7] 谢忠强. 新中国成立初期上海市反轰炸斗争述略[J]. 军事历史研究,2012(4):66-74.

[8] 上海总工会关于轰炸后上海情形报告(1950年4月13日)[A]. 上海市档案馆 C1-2-132-21.

[9] 王树楠,吴廷燮,等. 奉天通志[M]. 沈阳:东北文史丛书编辑委员会,1983.

[10] 日本辽东兵站监部. 满洲要览［M］. 奉天自卫社，1907.

[11] 虞和寅. 抚顺煤矿报告［M］. 农商部矿政司，1926.

[12] 中国社会科学院近代史研究所. 国外中国近代史研究：第16辑［M］. 北京：中国社会科学出版社，1990.

[13] 郭克悌. 东北的盘据与劫掠［M］//中华民国重要史料初编编辑委员会. 中华民国重要史料初编：第7编第1册［M］. 台北：中国国民党中央委员会党史委员会，1981.

[14] 东北大学校志编委会. 东北大学校志：第二卷［M］. 沈阳：东北大学出版社，1995.

[15] 中华人民共和国教育部办公厅. 教育文献法令汇编（1949—1952年）［G］. 1958.

[16] 华东区各公立大专学校统一招生委员会组成，在沪宁杭三地分设考区［N］. 文汇报，1950-6-18（3）.

[17] 华东区公立高等学校统一招生简章公布［N］. 文汇报，1950-7-1（2）.

[18] 华东、东北高等学校统一招考明起报名［N］. 文汇报，1950-7-14（2）.

[19] 国防大学《战史简编》编写组. 中国人民志愿军战史简编［M］. 北京：中国人民解放军出版社，2003.

[20] 抗美援朝 抚顺倾力——抚顺人民在抗美援朝战争中的贡献［N］. 抚顺日报，2008-7-3（B03）.

[21] 邱雁，杨新. 解放初院系调整大事记（1949—1953）［J］. 辽宁高等教育研究，1982（4）：10.

[22] 中央人民政府高等教育部. 高等教育部关于高等学校院系调整计划、修改高等学校领导关系和加强高等学校及中等技术学校学生生产实习工作的报告［R］//上海市高等教育局研究室，华东师范大学高校干部进修班，华东师范大学教育科学研究所. 中华人民共和国建国以来高等教育重要文献选编（上）［G］. 1979.

[23] 东北工业恢复阶段今年将基本结束 重点开始大规模经济建设 基本建设已经提到首要的地位［N］. 人民日报，1952-7-7（1）.

[24] 傅勇. 20世纪50年代苏联援建安徽研究［D］. 合肥：安徽大学，2015.

[25] 清华大学校史研究室. 清华大学一百年［M］. 北京：清华大学出版社，2011.

[26] 中国人民大学法学院学科发展史编写组. 中国人民大学法学院学科发展史[M]. 北京：中国人民大学出版社，2010.

[27] 刘少奇. 刘少奇论教育[M]. 北京：教育科学出版社，1998.

[28] 周士元. 踏遍青山不觉累——李昌传[M]. 黑龙江：哈尔滨工业大学出版社，2009.

[29] 殷剑平. 沙俄对中国东北的资本输出[J]. 西伯利亚研究，1997，24（2）：23-33.

[30] 史习仁. 一次成功的锅炉技术引进[J]. 上海国资，2011（4）：98-100.

[31] 教育资料丛刊社. 苏联的高等教育[M]. 北京：人民教育出版社，1951.

[32] 洪志忠. 高校教研组的历史与意义[J]. 四川师范大学学报（社会科学版），2015，42（6）：78-84.

[33] 高等教育部. 关于实施高等学校课程改革的决定[J]. 人民教育，1950（5）：67-68.

[34] 高等教育部. 高等学校暂行规程[J]. 人民教育，1950（5）：68-69.

[35] 清华大学校史研究室. 清华大学史料选编：第六卷（第一分册）[M]. 北京：清华大学出版社，2007.

[36] 李侨峰. 1957年整风运动的转向原因及其教训[J]. 党史博采，2016（3）：4-5.

[37] 张绍春. 论五七干校产生和兴办的原因[J]. 遵义师范学院学报，2016，18（5）：21-25.

[38] 毛泽东. 建国以来毛泽东文稿：第12册[M]. 北京：中央文献出版社，1998.

[39] 赵生晖. 中国共产党组织史纲要[M]. 合肥：安徽人民出版社，1987.

[40] 唐少杰. 清华大学工宣队始末[J]. 炎黄春秋，2015（2）：29-35.

[41] 金富军. 清华校史连载之十六："文化大革命"期间的清华大学[EB/OL]. （2009-7-17）[2017-10-8]. http://www.tsinghua.edu.cn/publish/thunews/9668/2011/20110225232315890718312/20110225232315890718312_.html.

[42] 清华大学电力系锅0班煤粉予燃室毕业实践组. 煤粉予燃室锅炉的试验研究[J]. 清华北大理工学报，1974（12）：53-70.

[43] 顾为铭. 1977年恢复高校招生考试制度的最初酝酿[J]. 当代中国史研究，2003（5）：27.

［44］徐旭常. 第十八届国际燃烧会议和在美国、加拿大考察燃烧科学的情况［J］. 机械，1981（8）：41-45.

［45］徐旭常，张以仁. 煤粉预燃室燃烧器的实验研究［J］. 动力工程学报，1983（1）：19-25.

［46］清华大学科学研究处. "煤粉预燃室燃烧器"发明奖申报材料［A］. 清华大学档案馆 DA-001-004.

［47］龙辉，石金兴，王泓. 引进的湿法烟气脱硫技术介绍及性能比较［J］. 水利电力机械，2002，24（5）：1-10.

后 记

整理徐旭常院士的生前事迹，并不是一件十分容易的事情。一方面，由于徐旭常院士本人已经故去，我们永远失去了直接采访传主的机会。另一方面，徐旭常院士生前委实过于低调，从不向他人表露自己的心迹，也很少向别人讲述自己的经历，以至于对他生命中的很多关键节点，我们能够捕捉到的信息极为有限。比如参评院士一事，他先后4次提出申请，其间经历的波折肯定不少，但无论是他生前的同事、学生，还是他的妻子何丽一女士，都没有办法帮助我们还原当时的细节。这只能说明一件事，他本人对这些身外之事真的不是很上心，连花时间跟自己的妻子念叨念叨都不肯。参评院士尚且如此，对其他事就更不用说了。

因为这个缘故，我们能够收集到的，大都是一些零散的、碎片化的信息。如若没有何丽一女士当年在徐旭常院士病床前整理的《往事追忆》一文作底稿，真的很难想象，我们该如何把那些零散的信息连接成一个完整的人生轨迹。

虽然付出了不少努力，但我们深知，我们已经做的工作，比我们应该做的要少得多，所以，最终只能够粗线条地还原徐旭常院士的一生。不过，即便是很粗糙的复现，我们依然极力希望能够通过这些文字传达出我们在资料采集过程中感受到的冲击，这种冲击源于徐旭常院士的生命历程所折射出来的人格魅力与理性光辉。我们认为，徐旭常院士的人生经历至少可以给我们带来两点启示。

其一，在艰苦的环境中，如何利用有限条件、创造有利条件进行学习积累，如何充分利用可以获得的资源成长、成才？徐旭常院士当初的求学经历可谓一路坎坷，若非他一直咬牙坚持，努力考取上海中学，顶住来自家庭的压力远赴东北读书，拖着越来越差的身体辗转多地求学，他的学业是极有可能提前终止的。在大学期间，如无他自己有意识地用功，也是不可能学有所成的。徐旭常院士在求学之路上所表现出来的坚毅品质值得我们学习。

其二，在掌握了一定的本领技能之后，我们应该做什么？更具体一些，作为一名科研工作者，身上肩负着哪些使命？考察徐旭常院士的教学、科研生涯，至少给我们指示了四个方向：第一，利用自己所学服务于国家需求，推动经济社会更好地向前发展；第二，不断探索学术前沿，成为既有知识的总结者，新方向、新局面的开拓者，推动科学知识的进步与积累；第三，利用自身的学术地位搭建国际交流平台，推动国内外科学研究的联结与互动；第四，教导、培养后辈，为他们创造起飞的条件与机会。

佟会玲　徐立珍　彭慧文
2018 年 9 月

老科学家学术成长资料采集工程丛书
已出版（110种）

《卷舒开合任天真：何泽慧传》　　《此生情怀寄树草：张宏达传》
《从红壤到黄土：朱显谟传》　　　《梦里麦田是金黄：庄巧生传》
《山水人生：陈梦熊传》　　　　　《大音希声：应崇福传》
《做一辈子研究生：林为干传》　　《寻找地层深处的光：田在艺传》
《剑指苍穹：陈士橹传》　　　　　《举重若重：徐光宪传》

《情系山河：张光斗传》　　　　　《魂牵心系原子梦：钱三强传》
《金霉素·牛棚·生物固氮：沈善炯传》《往事皆烟：朱尊权传》
《胸怀大气：陶诗言传》　　　　　《智者乐水：林秉南传》
《本然化成：谢毓元传》　　　　　《远望情怀：许学彦传》
《一个共产党员的数学人生：谷超豪传》《没有盲区的天空：王越传》

《含章可贞：秦含章传》　　　　　《行有则　知无涯：罗沛霖传》
《精业济群：彭司勋传》　　　　　《为了孩子的明天：张金哲传》
《肝胆相照：吴孟超传》　　　　　《梦想成真：张树政传》
《新青胜蓝惟所盼：陆婉珍传》　　《情系梁菽：卢良恕传》
《核动力道路上的垦荒牛：彭士禄传》《笺草释木六十年：王文采传》

《探赜索隐　止于至善：蔡启瑞传》《妙手生花：张涤生传》
《碧空丹心：李敏华传》　　　　　《硅芯筑梦：王守武传》
《仁术宏愿：盛志勇传》　　　　　《云卷云舒：黄士松传》
《踏遍青山矿业新：裴荣富传》　　《让核技术接地气：陈子元传》
《求索军事医学之路：程天民传》　《论文写在大地上：徐锦堂传》

《一心向学：陈清如传》　　　　　《铃记：张兴铃传》
《许身为国最难忘：陈能宽传》　　《寻找沃土：赵其国传》

《钢锁苍龙　霸贯九州：方秦汉传》
《一丝一世界：郁铭芳传》
《宏才大略　科学人生：严东生传》

《我的气象生涯：陈学溶百岁自述》
《赤子丹心　中华之光：王大珩传》
《根深方叶茂：唐有祺传》
《大爱化作田间行：余松烈传》
《格致桃李半公卿：沈克琦传》
《躬行出真知：王守觉传》
《草原之子：李博传》

《此生只为麦穗忙：刘大钧传》
《航空报国　杏坛追梦：范绪箕传》
《聚变情怀终不改：李正武传》
《真善合美：蒋锡夔传》
《治水殆与禹同功：文伏波传》
《用生命谱写蓝色梦想：张炳炎传》
《远古生命的守望者：李星学传》

《善度事理的世纪师者：袁文伯传》
《"齿"生无悔：王翰章传》
《慢病毒疫苗的开拓者：沈荣显传》
《殚思求火种　深情寄木铎：黄祖洽传》
《合成之美：戴立信传》
《誓言无声铸重器：黄旭华传》
《水运人生：刘济舟传》
《在断了 A 弦的琴上奏出多复变
　　最强音：陆启铿传》

《虚怀若谷：黄维垣传》
《乐在图书山水间：常印佛传》
《碧水丹心：刘建康传》

《我的教育人生：申泮文百岁自述》
《阡陌舞者：曾德超传》
《妙手握奇珠：张丽珠传》
《追求卓越：郭慕孙传》
《走向奥维耶多：谢学锦传》
《绚丽多彩的光谱人生：黄本立传》

《探究河口　巡研海岸：陈吉余传》
《胰岛素探秘者：张友尚传》
《一个人与一个系科：于同隐传》
《究脑穷源探细胞：陈宜张传》
《星剑光芒射斗牛：赵伊君传》
《蓝天事业的垦荒人：屠基达传》

《化作春泥：吴浩青传》
《低温王国拓荒人：洪朝生传》
《苍穹大业赤子心：梁思礼传》
《仁者医心：陈灏珠传》
《神乎其经：池志强传》
《种质资源总是情：董玉琛传》
《当油气遇见光明：翟光明传》
《微纳世界中国芯：李志坚传》
《至纯至强之光：高伯龙传》

《弄潮儿向涛头立：张乾二传》
《一爆惊世建荣功：王方定传》
《轮轨丹心：沈志云传》
《继承与创新：五二三任务与青蒿素研发》

《淡泊致远　求真务实：郑维敏传》
《情系化学　返璞归真：徐晓白传》
《经纬乾坤：叶叔华传》
《山石磊落自成岩：王德滋传》
《但求深精新：陆熙炎传》
《聚焦星空：潘君骅传》

《材料人生：涂铭旌传》
《寻梦衣被天下：梅自强传》
《海潮逐浪　镜水周回：童秉纲口述人生》

《采数学之美为吾美：周毓麟传》
《神经药理学王国的"夸父"：金国章传》
《情系生物膜：杨福愉传》
《敬事而信：熊远著传》